『エミール』を読む

苫野一徳

Ittoku Tomano

『エミール』を読む

ÉMILE

OU

DE L'ÉDUCATION

岩波書店

はじめに

あれしなさい、これしなさい。あれするな、これするな。――そんなことばかり言い続けていたら、その子はそのうち、「息をしなさい」と言わないと呼吸さえできなくなるぞ。

十八世紀の思想家、ジャン＝ジャック・ルソー（一七一二―一七七八）の言葉です。

『エミール――あるいは教育について』。

今日の教育に、最も大きな影響を与えた名著の一つです。もしルソーがこの本を書いていなければ、彼が活躍したフランスから遠く離れた日本においてさえ、いまの学校の姿は、大きくちがったものになっていたかもしれません。

むろん、もっともっと窮屈なものに。

いやいや、いまだって、学校は窮屈そのものじゃないか。

そう思った方も、いるかもしれません。

たしかに、おっしゃる通りです。それこそ、呼吸することさえままならないくらい息苦しい学校は、残念ながらいまも少なくありません。

でも、それはきっと、その学校の先生たちが、あるいは校長先生が、あるいは保護者が、あるいは教育委員会の人たちが、『エミール』をちゃんと読んだことがないからなのです。

――と、それはちょっと言いすぎかもしれませんが、でも、もしもっと多くの人が『エミール』を読んでいたなら、そんな息苦しい学校は、いまごろほとんどなくなっていたんじゃないだろうか。そんなふうにさえわたしは思います。

だからこの本を、もっと多くの方に読んでいただきたい。

そんな思いが、わたしに本書を書かせることになりました。

とはいえ、『エミール』はやさしい本ではありません。

いいえ、別にむずかしい本ではないのです。ルソーの他の著作に比べれば、平易な日常語で書かれているので、最も読みやすい本とさえ言っていいでしょう。

でも、『エミール』には独特の〝読みにくさ〟があるのです。

それはとても不思議な〝読みにくさ〟です。

まず一つには、『エミール』がどこを切っても「名言」だらけだから。

もし『エミール』をお持ちであれば、どのページでもかまいません。パッと開いたところを読んでみてください。「うわぁ、なんていいことを言ってるんだ、ルソー。目からウロコ～」と思うに違いありません。

でも、そんな名言がのべつまくなしに続いてくると、話は別です。どれだけ上質のステーキも、食べすぎるともう食べられないよと思うのと同じで、『エミール』も、読み続けているとお腹がいっぱいになってしまって、もはや名言が名言と感じられなくなるのです。

じつに不思議な読みにくさです。

もう一つ、この本を読みにくくしているのは、全五編からなる長大な本であるにもかかわらず、章や節で区切られていないために、ルソーのきらめく洞察が、ただひたすらベタ〜っと続いているように読めてしまうところです。だから読んでいるほうは、いったいどこで息つぎをすればいいのか、わからなくなってしまうのです。

溺れる、溺れるぅぅぅ。

はじめて『エミール』を読んだ方は、しばしばそんな感覚に陥ってしまうのではないかと思います。古典作品にはありがちなことですが、それが理由で現代のわたしたちがこの本を通読できないとしたら、もったいないことです。

じっさい、『エミール』は、教育関係者であれば知らない人はほとんどいない有名な本であるにもかかわらず、読み通したことのある人もまた、それほど多くはない本なのではないかと思います。

これもまた、古典作品の宿命と言えば宿命です。でもやはり、それはとてももったいないことです。

そこで本書は、『エミール』の冗長さをできるだけ削ぎ落とし、読めばそのエッセンスが体の中に染み込んでくるような、そんな本をめざしたいと思っています。

『エミール』の〝読みにくさ〟には、さらにもう一つ、決定的な理由があります。

これはルソーの著作にはおなじみのことなのですが、逆説が多用されたり、一見言葉足らずに思えるような箇所が多いために、「つまりルソーは何が言いたいんだ?」と読者が道に迷ってしまうことがあるのです。

そのため、『エミール』に限らずルソーの著作は、これまでじつに多様な解釈がなされてきました。まるで反対の解釈や評価さえ、少なくありません。

ルソーの死後、二百五十年近くがたったいまもなお、彼の思想が多くの研究者によってさかんに研究され続けているのは、そんな理由もあってのことかもしれません。むろん、その最大の理由は、ルソーの思想の汲めども尽きせぬ魅力にあるのですが。

じっさい、ルソー研究の蓄積は膨大です。『エミール』に限っても、さらに日本に限ってさえも、その研究書や解説書はたくさん存在します。その意味では、研究書ならまだしも、『エミール』の解説書や概説書については、わたしは正直、もうこれ以上なくてもいいんじゃないかとさえ思っています。

と、そんなことを言っておきながら、なぜいまさら『エミール』について書くのか？

それは、この二百六十年以上も前の名著を、いまこそわたしたちの思考の中に取り込み、そして現実の教育にとことん役立てたいからです。

この〝役立てる〟ということへの強い関心が、本書を他の解説書とはいくらか異なったものにしているのではないかと思います。

と言っても、本書は単なるハウツーをお伝えするものではありません。

先述したとおり、『エミール』はもう二百六十年以上も前の本です。

でも、いま読んでもおどろくほど新しい。

新しいだけでなく、教育の〝普遍的〟かつ〝原理的〟な目的と方法が、この本には生き生きと描かれています。

〝普遍的〟とは、どの場所においても、いつの時代においても――少なくとも近代以降においては――かなり広く通用するという意味です。

〝原理的〟とは、だれもがきっとたしかめ納得できるはずの、どこまでも深く考え抜かれた思考になっている、という意味です。

むろん、昔の本ですから、いまから見ればちょっと「？」と思うところもないわけではありません。そのあたりについても、本書では触れたいと思っています。

しかしいずれにせよ、こんな昔に、ルソーが教育の精髄、つまり、子どもをどのように見、その成長にとって重要なことはいったい何かということを、これほど透徹して描き出したことは、驚異というほかありません。

そしてわたしの考えでは、その〝教育の精髄〟は、いまもまだ、子育てにおいても、学校現場においても、残念ながら十分に浸透していないのです。

だからその〝教育の精髄〟を、わたしは『エミール』から改めて取り出してみたい。わたしたちの教育観や子ども観を、数段階アップデートさせてくれるものとして、この名著のエッセンスをお届けしたい。

そう願って、本書を書きました。

それだけではありません。

「教育について」というサブタイトルを持つ『エミール』は、たしかにこれまで、教育学不朽の名著と呼ばれてきました。

でもじつのところ、この本は〝教育書〟というジャンルをはるかに超えた作品なのです。

その最大のテーマは、人間が自由に、そして幸福に生きるとはどういうことか？

つまり『エミール』は、教育書の体裁をとった哲学書なのです。

人生いかに生くべきか？　この古来から哲学者たちが問うてきた問いに、ルソーがみずからの〝答え〟を示した哲学書、それが『エミール』なのです。

ですからわたしは、子育てや教育だけでなく、わたしたちが〝生きる〟ことそのものに役に立つ本になることを願って、本書を書きました。その成否については、読者のみなさんに厳しくご判断いただければと思っています。


いつもの電車の中で、おもしろい小説を読んでいる。

ふと顔を上げると、窓の外の世界が、いつもとはまるでちがったように見えている。

そんな経験をしたことのある方は、きっと多いんじゃないかと思います。

『エミール』もまた、そんな作品です。

子どもの隣で、ソファに腰かけ『エミール』を読んでいる。

ふと顔を上げると、目の前の子どもが、いつもとは少しちがったように見えている。

自分の人生についても、いくらか見方が変わっている。


――本書を読み終えたあと、じっさいに『エミール』を手に取っていただけたなら、わたしとしてはこんなにうれしいことはありません。

たとえば、一日十分ずつ、寝る前に読んでみる。そうして数カ月かけて読み終える。

もしそんな時間を持つことができたなら、それはきっと、人生最上の読書体験になるにちがいありません。

目　次――『エミール』を読む

凡例

本書では、ジャン゠ジャック・ルソー著、今野一雄訳『エミール(上・中・下)』岩波文庫(二〇〇七年改版)を参照しています。引用の際は、対応する巻および頁数を明記しています。

序　章　天才だけど人でなし。そんなルソーをどう考えるか？

天才だけど人でなし

ジュネーヴに生まれ、主にフランスで活躍したルソーは、思想家、小説家、音楽家など、さまざまな顔を持つ、ある種の万能の天才でした。

と言っても、なんでも器用にこなせた人、というわけではありません。むしろその生き方は、不器用そのもの。

強烈なロマン主義者・理想主義者の面があって、人類への愛にあふれた人であるかと思えば、激しい被害妄想のために、次々と友人を失っていく。他方、そんな激情的な面とは裏腹に、冷静で透徹した思考が光る、超一流の哲学者でもありました。かと思えば、みずからのかつての盗癖や露出癖を、自伝文学『告白』で文字どおり告白してしまうなど、やっぱりどこか変わった人でもありました。

どこまでも自分らしく生きる。

平凡な言い方ではありますが、それがルソーの生き方だったのだと思います。そしてその嘘のない生きざまこそが、ルソーがいまなおわたしたちを惹きつけてやまない大きな理由になっているのだと思います。

でも、だからこそ、と言うべきか、ルソーほど毀誉褒貶の激しい思想家はほかになかなか見当たりません。

ある面を見れば、ルソーはまちがいなく、人類に絶大な貢献をした思想家です。

それは教育の世界にとどまりません。後述するとおり、今日の民主主義社会の土台となる哲学を打ち出したのもまたルソーであり、わたしの考えでは、それはいまなお最も原理的な考えと言ってよいものです。

しかしまた別の面を見れば、ルソーはただの人でなしです。

そのきわめつけは、教育書『エミール』を書いたルソーが、じつは自分の子どもを五人とも孤児院に預けてしまっていたという有名なエピソードです。

その背景には、貧しさもありました。また、当時は内縁の妻だった、のちに正式に結婚するテレーズの親きょうだいがなかなかとんでもない人たちで、金銭をたかられていたという理由もありました。この人たちから、子どもを守らなければならないという思いもあったようです。

当時のパリでは、貧しさのために子どもを孤児院に入れるという習慣は、それほどめずらしいことではなかったようです。ルソーは後年、収入が安定してきたからか、子どもたちを孤児院から引き取ろうと試みます。でも、その時すでに、子どもたちは行方不明に。ルソーの〝捨て子〟事件は、やがて世間に知られるようになります。そしてルソーの論敵たちの、格好の攻撃材料になるのです。

ルソー自身、このことを、人生の最後まで後悔し続けました。『エミール』にも、彼はこんなことを書いています。

父としての義務をはたすことができない人には父になる権利はない。貧困も仕事も世間への気がねも自分の子どもを自分で養い育てることをまぬがれさせる理由にはならない。〔中略〕その人は自分の過ちを考えて、長いあいだにがい涙を流さなければならないだろうし、けっしてなぐさめられることもないだろう。（上・五七―五八頁）

どれだけ言い訳をしても、言い訳になんてならない。

そんな思いが、ルソーにはきっとあったのだろうと思います。『エミール』は、ルソーにとってはある種の贖罪の作品でもあるのです。

そんなわけで、このじつにさまざまな顔を持つルソーは、そのどこを見るかで、評価もまるで変わってしまいます。

と、しかしここで疑問が浮かびます。

そんな人でなしでもあるようなルソーの本を、今日、わたしたちが読む価値なんてあるのでしょうか？

捨て子に盗癖に露出狂に被害妄想。そんな人の教育論に、いったい説得力なんてあるのでしょうか？

人間ルソー

やっぱり、まちがいなく、ある。

わたしはそう言いたいと思います。

なぜなら、その内容が圧倒的にすぐれているから。

わたしもまた哲学者ですので、わたしが注目するのは、まずは何よりその哲学書が示した〝原理〟です。その原理がすぐれているなら、ルソーがどのような人間であれ、まずはそれを認めなければなりません。

でも、捨て子とか露出狂とか、やっぱりちょっと許せない、という人も、きっといるのではないかと思います。特にルソーのように個性的な人は、その好き嫌いが大きく分かれるものです。こんな人に教育論を書く資格なんてない！　矛盾している！　そう言ってやりたくもなります。

でも、まさにそれこそが人間というものではないかとわたしは思います。

わたしたちはだれだって、アンビヴァレントだし多面的です。感情的なところもあれば、理性的なところもある。立派なところもあれば、人には言えない恥ずかしいところだってある。だから、その一面だけを見て、すべてを否定してしまうことはできません。よいところはちゃんと認め、悪いところは正当に批判する。それが、本を読む時も、だれかと議論する時も、大事なことではないかと思います。

ルソーは、そんなだれにでもあるみずからの多面的な部分を、包み隠さず、数々の作品の中にちりばめた人でした。みずからを、余すことなく、飾ることなく、ひたすらあけすけに表現し続けた思想家。それがルソーなのです。

並の著述家であれば、なかなかそうはいきません。やっぱり、どこかいいカッコがしたくなってしまうものでしょう。おのれの才気を著作で誇らしげに見せびらかす一方、暗い部分にはふたをして、日常生活をしれっと暮らすものでしょう。

でもルソーは、その全部を語り尽くさずにはいられませんでした。彼の文章は、まるでナイフで切り裂けば血が噴き出してくるくらい、生々しいところがあります。ちょっと頭のいい人が、きれいな理屈を並べてみたというのとはまるでちがう。おのれの生きざまそのものを、ルソーは書き続けたのです。

このように、多方面にぶっ飛んだ人だったからこそ、ルソーはふつうの人にはなかなか行きつけないところにまで、思考を届かせていくことができたのだろうとも思います。

先生や上司などに気兼ねして、ずっと言いたいことが言えないでいると、いつのまにかとても狭い枠の中でものを考えるようになってしまうものです。思考が変に飼い慣らされてしまうのです。

ルソーは、そういったことがまんなりませんでした。

当時は、先生や上司どころではありません。厳然たる身分があり、不平等があり、圧倒的な貧富の格差があったのです。言いたいことが言えないというより、言いたいことを言ったら殺されてしまうような時代です。

じっさい、本書で取り上げる『エミール』は、当時の権威であったキリスト教会を否定するような内容が書かれていたために、焚書となりました。

パリの高等法院は、ルソーに逮捕状を出します。さらに生まれ故郷のジュネーヴでは、『エミール』に加えて、民主主義を高らかに宣言した『社会契約論』も焚書となり、やはりルソーには逮捕状が出されました。

こうしてルソーは、その後、長い逃亡生活を送らなければならなくなったのです。やがてはこっそりフランスに戻り、静かな余生をすごすのですが、ことほどさように、当時は言論の自由などほとんどない時代だったのです。

そんな中、それでもルソーは、狭い枠の中に閉じこもることができませんでした。あらゆる方面にあふれ飛んでいくエネルギーは、その枠を打ち破らずにはいられなかったのです。

ルソーが新時代を切り開くことができた、そのゆえんなのではないかとわたしは思います。

でもまた同時に、だからこそ、彼は存命中、数々の〝誤解〟に苦しまなければなりませんでした。少なくとも、彼自身は、自分はずっと誤解されていると感じていました。

じっさい、まるで内臓を直接指し示すくらいに自分を開いて文章を書いても、いえ、そうやって書けば書くほど、人はそれを自分の読みたいようにしか読まないものだろうとわたしは思います。

結局、人は人の一面だけを見て判断してしまうものなのです。だから、そもそも人間はアンビヴァレントで多面的なものなのに、理解しがたいことがあると、「こいつは矛盾している」と責め立ててしまうものなのです。

ルソー自身は、読者に自分のことを〝正しく〟理解してほしいと願っていました。でも書けば書くほど、誤解はいや増すばかり。

でも長い年月を経れば、わたしたちは人の多面性をいくらか俯瞰して見られるようになるものです。

エルンスト・カッシーラーという、二十世紀の哲学者の『ジャン＝ジャック・ルソー問題』

という本があります。ここで詳述はしませんが、ルソーの思想の一見アンビヴァレントな面――ジャン＝ジャック・ルソー問題――を、統一的に理解し直そうという本です。

研究というものは、時を経るにつれどんどん細分化していくものです。ルソー研究も、例外ではありません。でも、ルソーの多面性を、単なる多面性や矛盾としてとらえるのではなく、もっと俯瞰的な視野から統一的に見ようとする姿勢は、今日のルソー研究においてはある程度共有されているのではないかと思います。

それはある意味では、好き嫌いや、複雑な多面性の問題を超えて、彼の哲学そのものの意義を、ちゃんととらえていこうという姿勢と言えるかと思います。

ルソーにはたしかに、いくつもの面がありました。中にはとんでもない人でなしの部分もありました。

でもだからと言って、彼の著作は、全部読む価値のないものだと言うことはできません。

繰り返しますが、すぐれたところはすぐれたところとして認め、批判すべきは批判する。それが、古典に限らず、本を読む際の基本だろうと思います。

〝同じたましい〟で読む

わたしたちはだれだって、立派なところもあれば恥ずべきところだってある、と言いましたが、その意味で、わたしたちはだれもが多かれ少なかれ、ルソーのような人間です。ルソーは、それがちょっと極端で、また素直に出しすぎてしまう人だったというだけのことではないかと思います。

と、そう考えた時、ルソーの次の言葉は、わたしにはいっそう味わい深く感じられます。

『エミール』について、ルソーはのちにこんなことを書いているのです。これほど広く読まれながら、これほど理解されなかった本はなかった、と。また、自分の本は、自分と同じ心をもって読んでくれる人にしか愛されないのだ、と[1]。

じっさい、ルソーの著作を読んでいると、これは彼と〝同じたましい〟を共有していなければ、十分に理解できないんじゃないかと思わされるところがあります。

ルソーに限らず、これはどんな古典的名著にも言えることかもしれません。

作品の外から、あれやこれやと分析しているだけでは、その深奥にたどり着くことはできないのです。それはせいぜい、ルソーはこう言った、ああ言った、ということを知るだけです。

その作品の内側を、わたしたちも著者と共に生きてみる。そんな読み方が、特にすぐれた古典作品を読む場合には、ぜひとも必要だとわたしは思います。

むろんそれは、自分の人生を勝手に作品の中に織り込んで、独りよがりな解釈をすることではありません。著者がいったい何を伝えたいのか、その精神の奥深くへと目を向け、自分もまた、それをいったん生きてみようとすること。そんな読み方が重要なのではないかと思います。

むろん、時代や国がちがえば、同じ精神を共有することがきわめて困難な場合もあります。

そもそも、明らかな誤読はあったとしても、読み方に絶対の正解はありません。ひとたび世に放たれた以上、作品はさまざまな解釈にさらされます。

でも、それでも、わたしたちは必ず、著者の〝言わんとすること〟にできるだけ迫ろうとしなければなりません。批評や批判は、それからです。

さて、そうやって本を読んでいると、わたしたちはごくまれに、自分と〝同じたましい〟を共有しているかのごとく思われる著者に出会うことがあるものです。

ああ、この人はわたしと〝同じたましい〟を持つ人だ。そんな人に出会えるよろこびに勝るものは、ほかになかなかないものです。この人と話をしていれば、言葉の表面ではなく、そのもっと深いところでわかり合える、通じ合える、そんな感覚を味わえるのは、ほとんど奇跡のようなことです。

同時代に、身近な場所で、そんな人と出会うことは簡単なことではないかもしれません。でも歴史を見回せば、きっと何人か見つかるはず。わたしはそう思います。

じつを言えば、わたしにとってルソーはそんな人です。

むろん、ただの勘違いかもしれません。あの偉大なルソーと〝同じたましい〟だなんて、ちょっと傲慢に聞こえてしまうかもしれません。

でもわたしには、その才能においては比べるべくもないことですが、それでも、彼が赤の他人とはどうしても思えないところがある。そしてルソーに、あなたは同時代にはあまり理解者がいなかったかもしれないけれど――熱烈なファンはたくさんいるにはいたのですが――大丈夫、後世にはあなたと〝同じたましい〟を共有する人がたくさんいるよと言ってあげたい気持ちがある。

「はじめに」で述べたとおり、本書は『エミール』を現代に役立てるという関心から書かれたものです。

それはある意味では、ルソーと〝同じたましい〟をもって、『エミール』を現代的に読み直す作業でもあります。

むろん、わたしも結局のところ、ルソーの誤読者である可能性は否定できません。それについては、専門家や読者のみなさんのご批正をたまわりたいと思います。

ただ同時に重要なことは、ルソーの読解の正確さをめざすのは当然のことながら、わたしたちがそこから、いわばみずからのたましいにおいて何をつかみ取り、現代の教育や社会に、どのような意義ある思考を力強く示していけるかだとわたしは考えています。

他の著作でも繰り返し言ってきたことですが、哲学は〝思考のリレー〟です。前の時代の哲学者たちが、もうこれ以上は考え抜けないというところまで思考を追いつめた、そのバトンを受け継ぎ、新たな時代においてそれをもっと深め、鍛えていく。それが、二千五百年以上続いてきた哲学の営みなのです。

本書もまた、そうしたリレーのささやかな中継地の一つであってくれたらと願っています。

第1章　ルソーの思考法

それではいよいよ、『エミール』を味わいながら、現代のわたしたちに役立つ知恵を吸収していくことにしましょう。

本章では、まず『エミール』におけるルソーの思考の方法に注目してみたいと思います。これが非常に独特で、おもしろく、そしてまた原理的なのです。あるべき教育の姿を、ルソーはいったいどんな方法で描いていったのか。その真髄に、まずは迫っていくことにしたいと思います。

なぜ架空の少年なのか？

『エミール』は、架空の少年エミールの、その誕生から結婚して独り立ちするまでの二十五年間を描いた、半ば小説風の作品です。

彼の教育を一手に引き受けるのが、語り手である「わたし」です。

この「わたし」は、ルソーと言えばルソーなのですが、彼自身は、自分は理想の教師からはほど遠いと作中で嘆いています(ちょっとかわいい)。じっさい、彼は二十代のころに貴族の子どもたちの家庭教師を務めたことがあったのですが、思うようにいかず、ずいぶんと苦労したようです。

でもとりあえず、「わたし」は理想の教師に必要なものは全部持っていると仮定して話を進めようとルソーは言います。子どもはあまり年の離れた人には心を開けないものだから、若者という設定にしよう、とも言います(『エミール』執筆時、ルソーは四十代後半でした)。

以上のように、この本は、架空の少年エミールを、これまた半ば架空の家庭教師ルソーが教育していく物語なのです。

といっても、エミールが主人公らしいふるまいをするようになるのは、じつは物語も終盤にさしかかる第五編になってからのこと。エミールはすでに二十歳を超えています。少年時代のエミールは、言ってみれば、ルソーの教育論の材料として登場するにすぎないのです。

それでも、全編をとおして、エミールの役回りはやはり非常に重要です。

というのも、ルソーはみずからの教育論を、どうしても架空の少年に託さざるを得なかったからです。

その理由は、ルソーが生きた時代にあります。

当時のフランスには、いまのような学校教育は存在しませんでした。あったのは、上流階級の子弟たちのための教育機関です。

中等教育機関としては、イエズス会とオラトリオ会というカトリックの修道会が経営する、コレージュ(学院)というものがありました。コレージュを終えると、大学で神学や医学や法学を学ぶのが、最高の学歴とされていました。一般大衆は、そもそも正式な教育を受ける機会さえほとんどありません。

そんな時代に、ルソーは言います。身分制度を前提とした教育なんてクソ食らえ! それは結局、支配者が支配者であり続けるための教育である、と。

『エミール』でルソーは、「学院《コレージュ》と呼ばれる笑うべき施設」(上・三五頁)などと言って、上流階級の学校を嘲笑しています。聖職者たちの激しい怒りを買ったのは、想像にかたくありません。

じっさいルソーも、その後、イエズス会からの報復をとても恐れていたようです。だったら書くなよと言いたくもなるのですが、いえ、やっぱりこんなことを書けてしまうルソーだからこそ、歴史を大きく動かせたのだろうと思います。

ルソーは言います。身分ごとの教育なんてまちがっている。わたしたちは本当は、みんな自由に幸せになるべく、平等に教育を受けられる必要があるはずなのだ!

でも、そんな教育機関は当時どこにもありません。

だからルソーは、みずからが(理想的な)家庭教師となり、そんな(理想的な)教育の姿を描き出そうとしたのです。そうするほかなかったのです。

しかも、とりわけパリのような都会は、当時、不平等な身分社会そのものでした。こんなところにいたら、エミールはだれかを差別したり、だれかに差別されたりして、すくすく育つことはきっとできません。

だから、エミールを自然豊かな田園に連れていこう。堕落した社会から隔絶された場所で、自然にのびのび育てていこう。そうルソーは言うのです。

架空の少年エミールがつくり出されたのには、そんな理由がありました。

逆に言えば、もしルソーが現代に『エミール』を書いていたなら、その舞台は、どこにでもあるような現実の家庭、現実の学校になっていたのではないかとわたしは思います。

これまで長い間、『エミール』は、ルソーが「理想の教育」を描いたものと形容されてきました。それはつまり、結局は実現不可能なもの、というニュアンスも含んだ言い方です。彼自身、この本は、一人の幻想家の夢想と思われてしまうかもしれないと語っています。

でもわたしは、ルソーは大まじめに、いつかこの本に書かれたような教育が実現する日を思い描いていたと思います。

そしてそれは、いまである。わたしはそう言いたいと思います。

ルソーから二世紀半あまり、わたしたちは、いままさに、彼が描いた「理想の教育」を、「現実の教育」にしうる時代を生きているはずなのです。

もはや、身分制度も、身分ごとの教育もなくなりました。たしかに、教育格差はいまなお厳然と存在しています。わたしたちが、これからいっそう、克服に向けて努力していかなければならない課題です。

でも、少なくともわたしたちは、すべての人が対等に、その自由と幸せのために教育を受ける権利を持っているという考えを共有しています。

これはルソーの時代では考えられなかったような、驚くべき進歩です。というより、後述するように、このような考えが浸透したその立役者の一人こそ、ほかならぬルソーだったのです。

ならばわたしたちは、もっと本気で、それが可能になる条件を突きつめていこう。そしてそれを、現実の社会、子育て、学校現場で実現させていこう。

その条件を、すでに二世紀半も前にとことん考え抜いてくれていた人がいる。

ならばその考えを、存分に吸収してやろう。

繰り返しますが、それが本書の目的なのです。

子どもを見よ

さて、では「理想の教育」を実現するために、わたしたちはまず何をしなければならないのでしょうか？

ルソーは言います。

まずはとにかく、子ども自身をちゃんと見よ、と。

「理想の教育」を描き出すと言っても、それは迂遠な理想論を語ることではありません。現実離れした高邁な思想に、人びとを従わせようというのでもありません。

まずはとにかく、子どもとはどんな存在であるかをちゃんと知ろう。そうルソーは言うのです。じつにまっとうな考えだと思います。

人は子どもというものを知らない。子どもについてまちがった観念をもっているので、議論を進めれば進めるほど迷路にはいりこむ。このうえなく賢明な人々でさえ、大人《おとな》が知らなければならないことに熱中して、子どもにはなにが学べるかを考えない。かれらは子どものうちに大人をもとめ、大人になるまえに子どもがどういうものであるかを考えない。（上・二二―二三頁）

よく、ルソーは「子どもの発見者」であると言われます。

フィリップ・アリエスという二十世紀の歴史家の、『〈子供〉の誕生』という有名な本があります。この本の中で、アリエスは、中世ヨーロッパには「子ども時代」という概念がなかったと主張しました。

子どもといえども、当時は家計を支える働き手ですから、一般には「小さな大人」と考えられていたというのです。それはたとえば、子ども服などは当時なく、大人の服のミニチュアでしかなかったといったことからもうかがえます。

飲酒も普通にあったようですが、さすがに近代になると、十七世紀の哲学者、ジョン・ロックの『教育に関する考察』などに、「子どもにあまりワインを飲ませるな」なんていう記述も見られるようになります。

もっとも、じつはこのアリエスの主張は、今日、ちょっと疑わしいんじゃないかとも言われています。いくらなんでも、「子ども時代」という概念がなかったというのは言いすぎではないか、と。ただ、いまのようには子どもが子どもとして考えられていなかったのはたしかなようです。

そんなヨーロッパにあって、ルソーは「子ども」を発見しました。

子どもには子ども特有の感じ方、考え方、成長のしかたがあるのであって、それを無視して教育なんてできるはずがない。子どもを知ること。教育は、何をおいてもまずはそれからだ。そうルソーは言ったのです。

「子どもの事実」とは?

今日の学校でも、「子どもの事実」という言葉がしばしば使われます。これはとても大事なことだとわたしは思います。

多くの学校では、「学習指導案」というものを先生たちがつくっています。文字どおり、子どもたちの学習をどう指導していくかの計画案です。

でも、もしそれが、子どもたちに何を、いつ、どんなふうに学ばせるか、という視点だけでつくられてしまったら、子どもたちは置き去りにされてしまうことになるでしょう。子どもが何を求めているのか、何を学びたいのかという〝事実〟が、無視されてしまうのです。

そこで学習指導案には、先生が子どもの実態を把握し、それを意識しておくために、「児童観」のような項目が設けられています。「クラスにはまとまりがあり、授業にも落ち着いて参加している」「前段にあたる○○の学習に熱心に取り組んでいた」といったことが、そこに記述されることになります。多くの先生は、そのような児童観(子どもの事実)をしっかり意識しながら、授業をしようとしているのです。

でも、その児童観(子どもの事実)もまた、学校や教師の都合に合わせたものになってはいないか、わたしたちはたえず意識しておかなければなりません。

学校は、どうしても、いつまでにどれくらい授業が進んでいなければならないかということを気にせざるを得ないところです。だから、まずは学ばせるべきことがあって、それを大人が決めたスケジュール通りに、子どもたちに学ばせていく、ということになりやすい。

とすると、「子どもの事実」も、その関心から見た事実になってしまいやすい。教師が学ばせたい内容を学ぶにあたって、子どもたちはどれくらい準備が整っているか。あるいは整っていないか。そろそろ割り算をはじめるけど、みんなこれまでの学習内容はちゃんと理解してるかな。そんなことに意識が向きやすくなるのです。

むろん、このこと自体はとても大事なことです。でも、そもそも子どもは、割り算を本当に学びたいと思っているのでしょうか？　その〝必要〟を感じているのでしょうか？　先生の見ている「子どもの事実」は、じつは、教師のコントロール下にどれだけ子どもが入りやすいかを見たものになってしまってはいないでしょうか。

またあとで見るように、ルソーは、子どもの「学びたい」という意欲が出てくるまで、無理に勉強させ、知識をつめ込むことを批判しました。何のためにこんなことをさせられるのかがわからなくなって、子どもはかえって学ぶことが嫌いになってしまうからです。

本来、子どもは〝みずから学ぶ〟ことが大好きです。赤ちゃんの時からそうです。ベビーベッドの上で、周りに置かれたおもちゃを手に取って、あれやこれや観察したり、引っ張ったりしている姿を、みなさんもご覧になったことがあるでしょう。なぜか恐竜にひどく魅せられて、図書館の恐竜図鑑をむさぼり読むような子もたくさんいます。

特別な子だけがそうなのではありません。子どもはだれだってみんなそうです。「うちの子はめんどくさがり屋で、何にも興味も持たないし、勉強もしないし……」と言う親がいますが、ルソーなら言うでしょう。いやいや、もっと「子どもを見よ」と。

子どもはいつも何かに夢中になっています。ふと見つけたアリの行列をずっと観察したり、買ってもらったお人形を使って、空想の中、ずっとひとり遊びをしていたり。大人がそれに気づかないとしたら、ただ単にちゃんと見ていないだけなのです。

あるいは、もし本当に「何にも興味を持っていない」のだとするなら、それはむしろ大人がそうさせてしまったのではないかと考えるべきです。「はじめに」の冒頭に掲げたルソーの言葉をもう一度紹介しておきましょう。

あれしなさい、これしなさい。あれするな、これするな。――そんなことばかり言い続けていたら、その子はそのうち、「息をしなさい」と言わないと呼吸さえできなくなるぞ。

これは、じつはわたしの意訳です。ルソー自身の言葉は以下になります。

たえずなにか教えようとする権威に全面的に従っているあなたの生徒は、なにか言われなければなにもしない。腹がへっても食べることができず、愉快になっても笑うことができず、悲しくなっても涙を流すこともできないし、一方の手のかわりに他方の手をさしだすこともできず、いいつけられたとおりにしか足を動かすことができない。そのうちには、あなたの規則どおりにしか呼吸することができなくなるだろう。（上・二四三―二四四頁）

学ぶというのは、本来、とても楽しいことです。知らなかったことを知るようになる。できなかったことができるようになる。世界が広がる。学びを通して、仲間もできる。

その過程で、うまくいかなかったり、わからなかったりと、苦しむこともあるでしょう。でも根底においては、やっぱり学びは、みずからの成長を実感できる楽しいことであるにちがいありません。そして子どもは、本来、そのような学びへの意欲を持っているのです。

これが、ルソーが〝発見〟した子どもの根本的な事実の一つです。

したがって、この意欲と無関係に勉強させることは、むしろ害悪ということになります。本当は好きになるはずの学びを、嫌いにさせてしまうかもしれないからです。

人は、子どもにとってなんの意味もないことばを、それが学問であるかのように考えさせることによって、はかりしれない有害な偏見をかれらの頭に植えつけようとしているのではないか。(上・二二三頁)

子どもは、もともと学びたいという意欲を持っています。それなら、子ども時代に周囲の大人が意識するべきは、その意欲を大事にすることです。

ルソーは次のようにも言います。

子どもに学問を教えることが問題なのではなく、学問を愛する趣味をあたえ、この趣味がもっと発達したときに学問をまなぶための方法を教えることが問題なのだ。これこそたしかに、あらゆるよい教育の根本原則だ。(上・三八六頁)

学習内容を教え込むのではなく、子どもが学ぶことそれ自体を好きになること。それこそ、子ども時代の教育にとって最も重要なことなのです。

それはいったい、どうやって?

学びが遊びのようであること。別言すれば、子どもが学びへの強い動機を持てること。それが何より重要です。

あたりまえのことですが、興味も必要もないところに、学びは起こりようがないのです。他方、強い動機に導かれた学びは、わたしたちを、学ぶことそれ自体を愛する者にしてくれるにちがいありません。

伊那市立伊那小学校の実践

いやいや、それはそうかもしれないけど……。

そう思った方は、少なくないのではないかと思います。

それはそうかもしれないけど、学校はどうしたって、興味のないことも子どもたちに勉強させないといけないじゃないか。ルソーの教育論は、やっぱり単なる理想論なんじゃないの?

たしかに、日本では文部科学省が「学習指導要領」というのを出していて、何年生の時に何を学ぶかということが示されています。その中には、子どもたちが興味を持てないようなものもあるでしょう。

でもわたしたちは本当に、子どもたちが興味を持てないことを、それでもとりあえず我慢して勉強させるということでよいのでしょうか。学校は、結局はそのような場所であり続けるほかないのでしょうか?

いいえ、そんなことはありません。

ルソーの教育論は、その後、教育の天才と呼ばれたヨハン・ハインリヒ・ペスタロッチによって実践されていくことになります。そのバトンは、幼児教育の祖と言われるフリードリヒ・フレーベルや、二十世紀の教育に絶大な影響を与えたジョン・デューイらにも受け継がれていきました。

いまや世界中の学校で、彼らの考えを源流とする実践が行われています。

日本も例外ではありません。ルソー、ペスタロッチ、フレーベル、デューイらの教育思想は、やがて近代日本にも到達します。そして日本の文化、風土、思想などと合わさって、独自の発展を遂げることになるのです。

ここでちょっと紹介したいのが、長野県にある伊那市立伊那小学校の実践です。体験的な学び、すなわち総合学習を中心にした実践で有名な学校です。

チャイムなし、時間割なし、通知表なし、というのも有名ですが、注目すべきは、その表面的な特徴ではなく、底にある考え方です。

教育学の多くの研究でも、四十五分や五十分の細切れの時間割は、じつは子どもたちの深い学びをかえって妨げることが多いことが示されています。

いまは算数なんてまったくやる気が出ないのに、いいから教科書を開きなさいと言われ、集中もできないまま、ずっと授業を受けさせられる、なんていう経験は、だれもがしたことがあるでしょう。あるいは逆に、もっと算数に集中していたいのに、はい、ここで算数は終わり、次は国語です、となってしまうなんてこともあるでしょう。

何より、上から与えられ続けるお仕着せの時間割は、学びを〝自分ごと〟にすることを妨げてしまいます。勉強は、大人の管理の下で〝やらされる〟もの。そんな意識を、子どもたちに植えつけてしまうことになるのです。

だから伊那小には、チャイムがないし、時間割も、一応ざっくりとあるにはあるのですが、あくまでも目安であって、子どもたちの活動に合わせて柔軟に取り扱われているのです。

通知表も、これが学びへの意欲を失わせてしまう場合が多いことが、さまざまな研究で明らかにされています。

よい成績を取ることが目的になってしまうと、わたしたちは、学びそれ自体に没頭することができなくなってしまうのです。学びが成績のための〝手段〟になってしまうのです。

だからわたしたちは、どうやって省エネをしていい成績を取るかと考えるようになってしまいます。学びの楽しさに目を向けたり、それに没入したりすることが、なかなかできなくなってしまうのです(1)。

さらに、いつも悪い成績ばかりつけられていると、自信を失って、ますます勉強が嫌いになってしまうかもしれません。自己効力感――自分はやればできるんだという実感――と学力には相関関係があることが知られていますが、成績づけは、子どもたちの自己効力感をずたぼろにしてしまう可能性もあるのです。

ほかにも、テストのために覚えたことの多くはすぐに忘れられてしまうという、認知科学の基本的な知見もあります。これも、多くの人が実感していることでしょう。

以上のように、チャイムも時間割も通知表も、子どもたちの意義ある学びを妨げてしまう傾向があるのです。伊那小は、右のような教育学のエビデンスが出そろうよりずっと前、また、学習指導要領に「総合的な学習」という言葉もなかった何十年も前からこんな実践をしていたのですから、驚きです。

子どもは、自ら求め、自ら決め出し、自ら動き出す力を持っている存在である

さて、この伊那小、やはり特筆すべきは総合学習です。

まず低学年のうちは、ほぼ「総合学習」の時間でカリキュラムがつくられています。黙って座って、教科の授業を受けるという時間はほとんどなく、教科の学習も、総合学習と密接に連携して行われます。

三年生以上になると、「総合学習」は「総合活動」と呼ばれるようになります。教科の学習は、それまでより少し多くなりますが、やはり総合との連携は強く意識されています。

ヤギや馬、羊、豚など、動物を飼育するクラスがあったり、本格的な山小屋やアスレチックをつくるクラスがあったり。教科の知識や技能は、こうした総合学習・総合活動を通して学ばれていくのです。

たとえば、ヤギを飼育するクラスでは、その成長を記録することで、カタカナや漢字などを学んでいきます。ヤギの体重を測ったりする中で、小数の計算や単位(㎝や㎏)なども学んでいきます。ヤギの出産に立ち会う経験や、赤ちゃんのお世話をする体験などは、命を学ぶことにもつながります。

むろん、学習指導要領には従わなければなりませんから、学ぶべきことは決まっています。でも伊那小の先生たちは、それらができるだけ総合学習・総合活動を通して学ばれるよう、毎日とことん考えながら授業をしているのです。

ちなみに、一―三年生、四―六年生の間は、基本的に同じクラスで、担任の先生も、多くの場合、三年間続けます。総合学習・総合活動も、基本的には三年間同じテーマに取り組みます(たまに、これ以上は意義深い学びができそうにないなと先生やみんなが思った時は、途中で変更することもあります)。

テーマは、最初の年にたっぷり時間をかけて、子どもたちがお互いを知り合ったり、いろんな活動をしたりする中で、自然にわき上がってくるのを待ってから決めます。子どもたちが探究したいことを中心に、先生の思いなどさまざまなことを考え合わせて、みんなの方向性が一致した時に、さあやろう、となるのです(2)。

まるで夢中で遊んでいるかのように学びに没入している子どもたちの姿が、伊那小ではいつも見られます。そうした子どもたちを見ていると、ああ、これこそ子どもの「自然」な姿だなぁと、わたしは改めてしみじみと思います。

この「自然」という言葉、突然出てきたように思われたかもしれませんが、このあと『エミール』を読み解く際に大事なキーワードになってきますので、少し胸に留めておいていただければと思います。

以上のような実践を支える、伊那小でとても大事にされている子ども観があります。

それが、「子どもは、自ら求め、自ら決め出し、自ら動き出す力を持っている存在である」

という子ども観です。

これはまさに、ルソーが〝発見〟したことであり、子どもの本源的な事実そのものです。

伊那小の先生たちは、この子ども観を軸にしながら、いまの子どもたちの学びは、本当に「自ら求め、自ら決め出し、自ら動き出す」ものになっているか、とたえず自問自答し、お互いに議論し合っています。

「あそこはちょっと教師が前に出すぎてたんじゃないか、もっと子どもが自分たちで決めるのを待つべきだったんじゃないか」

「いや、あそこはむしろ、教師の思いをちゃんと伝える場面だったんじゃないかと思う」

「でもそのことで、子どもの願いが教師の願いに無理やり誘導されていた感じがしたぞ」

そんな議論が、先生同士の間でいつも交わされています。

文字面だけを読むと、なんだか厳しい感じがするかもしれませんが、みんな本気で、子どもが自ら求め、自ら決め出し、自ら動き出す学びを実現したいと思っているから、その思いがただあふれているだけなのです。

こうした議論を聞くたびに、わたしは、ああ、教師というのは本当に尊い仕事だなと思わされます。ここまで本気で、子どもたちの「自然」を大事にしながら教育に従事しようという先生がたくさんいるのです。

わたしもこれまで、自分たちで石窯をつくり、天然酵母のパンを焼く六年生や、三十羽近いウズラの飼育をする三年生の活動などに伴走させていただいたことがありました。
いいえ、伴走というより、子どもたちからいろいろ学ばせてもらったと言ったほうが正確です。酵母の育て方から石窯における輻射熱《ふくしゃねつ》の仕組みまで、いろんな知識もそうですが、何より、わたし自身の「子ども観」を、子どもたちには育ててもらいました。

そんな伊那小学校の教育は、『エミール』に描かれた学童期の教育そのものと言いたくなるようなものです。これから本書を読み進めていただくと、そのことがよくご理解いただけるのではないかと思います。

伊那小は、伊那市にある公立の小学校です。特別な子どもたちが通っているわけでも、特別な先生たちがいるわけでもありません。ごくふつうの公立学校ですから、先生も何年かすれば異動します。

それでも、右のような実践がずっと続いてきた背景には、先生同士が、先述した子ども観をとことん共有し、それが本当に「子どもの事実」であるかをたしかめ合ってきたという、対話の文化があります。この「子どもの事実」に沿った実践がどうすれば可能になるか、先生たちはずっと議論を重ねてきたのです。

むろん、どんな学校もユートピアではありません。日々、多くの問題と泥臭く格闘するのが学校現場です。伊那小のほかにもすばらしい学校はたくさんありますが、わたしたちはそれらを、「理想の学校」とか「理想の教育」のように過剰に美化してはいけないでしょう。無批判に褒めちぎってもいけません。

でも、そんなさまざまな学校に行き、子どもたちの姿を肌で感じ取れば、ルソーの教育論は、実現不可能な単なる理想論である、なんてことは言えなくなります。

さまざまな実践例は、すでに世界中に出そろっているのです。

ならば、それをもっともっと広げていこう。

わたしはそう言いたいと思います。

「自然」とは何か

先述したように、ルソーの思考の方法は、まずは子ども自身をよく見て知ろうというものでした。

そうすると、子どもの「自然」な成長とはどういうものかということが、よく見えてくるはずである。そうルソーは続けます。

たとえば、さっきも言ったように、子どもは本来、みずから学ぶ意欲も力も持っている。それが「自然」なことです。

逆に言えば、もし子どもにその意欲や力がないように見えるとしたら、それは子どもの「自然」が人為的にゆがめられてしまったということなのです。あれしなさい、これしなさい、あれするな、これするな、と言われているうちに、何にもやる気がしなくなってしまったということなのです。

そんなわけで、『エミール』におけるルソーの思考の最大の特徴は、子どもの「自然」を大事にせよ、ということになります。

まずルソーは、教育には次の三つの種類があると言います。

①自然の教育
②事物の教育
③人間の教育

ここでいう「自然」とは、いわゆる自然環境という意味もないわけではありませんが、より根本的には「人間本性」のことです。

さっきの例で言えば、人は本来、学ぶ意欲も力も持っている。これは人間の本性です。「子どもは、自ら求め、自ら決め出し、自ら動き出す力を持っている存在」なのです。

あるいは、あたりまえのことですが、人間は言葉もしゃべれず、歩くこともできない状態で生まれてきます。それが「自然」なことです。

だからそんな赤ちゃんに、いきなり歩くための教育をしても意味のないことです。そんなことをすれば、赤ちゃんを苦しめるだけでしょう。

だからわたしたちは、この「自然」に、「人間の教育」を合わせるほかない。そうルソーは言います。

もし、「自然」(人間本性)を無視した教育をしてしまったら、子どもたちはまさに「不自然」にゆがめられてしまうことになるでしょう。そしてルソーの見るところ、当時の教育は、そうやって子どもたちをゆがめにゆがめてしまうものだったのです。これについてはまたあとでお話しします。

もう一つの「事物の教育」とは、水、火、動物、昆虫、社会など、わたしたちを取り巻くさまざまな事物がわたしたちに与えてくれる学びのことです。

事物もまた、わたしたちの思いどおりになるものではありません。伊那小のように、動物飼育を通した教育を行うにしても、動物は必ずしもこちらの意図したとおりに動いてくれるわけではありません。ここでもまた、ある程度は事物の本性(自然)に沿うほかないのです。

ちなみに、ルソーはよく「自然に帰れ」と主張したと言われます。彼の政治哲学においても、教育哲学においても、「自然」は最も重要なキーワードです。

でも、じつはルソー自身は、この言葉をその著書のどこにも書いていません。十九世紀の歴史家ミシュレが、その著『フランス革命史』の中で、ルソーの言葉として「自然に帰れ」というフレーズを紹介しているので、(3) おそらくはそこから広まったのではないかと思います。ただ、これはちょっと誤解を招く言葉で、ルソーは別に、文明以前の自然に戻ろうなんて言ったわけではないのです。

ルソーが言いたかったのは、わたしたちには、意図的で人為的な教育が必要だけれど、それは必ず自然(人間本性)を理解し、それに沿ったものでなければならないよ、ということなのです。

「自由」に生きるための教育

もう一つ、ルソーが「自然」という言葉に込めている意味があります。

それは、人間はそもそも平等であることが自然だよね、ということです。

> 自然の秩序のもとでは、人間はみな平等であって、その共通の天職は人間であることだ。
>
> (上・三八頁)

先述したように、当時、教育といえば、聖職者になるための教育、貴族としての教育、法律家になるための教育、軍人になるための教育、などが主でした。

でもルソーは、教育は本来そのようなものではないと主張します。人間の天職は、人間であることだ。「人間」として生きられるようになること、それが教育の目的なのです。それはつまりどういうことでしょう？　ルソーは言います。

生きること、それは呼吸することではない。活動することだ。〔中略〕もっとも長生きした人とは、もっとも多くの歳月を生きた人ではなく、もっともよく人生を体験した人だ。（上・四〇頁）

みずからの人生を、よりよく生きること。それが人間として生きることなのです。このよりよく生きるということを、ルソーは「自由」に生きることであるとも言い換えます。『エミール』の中で、彼は繰り返し、教育の目的は子どもたちが「自由」に生きられるようになることだと言うのです。

ほんとうに自由な人間は自分ができることだけを欲し、自分の気に入ったことをする。これがわたしの根本的な格率だ。ただこれを子どもに適用することが問題なのであって、教育の規則はすべてそこから導かれてくる。（上・一四五頁）

言うまでもありませんが、ここでいう「自由」とは、わがまま放題ができるという意味ではありません。

わがまま放題をして、人の自由を奪うことになったら、相手はこちらにも害を加えてくるかもしれません。そうなったら、わたしも「自由」に生きること、「自分ができることだけを欲し、自分の気に入ったことをする」ことができなくなるでしょう。

「自由」に生きるとは、他者に危害を加えることなく、みずからが生きたいように生きられるようになるということなのです。

このことは、ルソーの次の言葉によく表れています。

ルソーは、みずからが自由に生きるためにも、子どもには次のルールを教えなければならないと言います。というより、ルールはこの一つだけでよい、と。

子どもにふさわしい唯一の道徳上の教訓、そしてあらゆる年齢の人にとってもっとも重要な教訓、それはだれにもけっして害をあたえないということだ。（上・二〇三頁）

だれにも決して害を与えない。このことを条件に、みずから「自由」に生きること。これが教育の一番の目的だとルソーは言うのです。

これは、支配者が支配者であり続けるためのそれまでの教育を、全面的に否定するものであったと言っていいでしょう。

すべての人が「自由」になるための教育。

ルソーによる、来るべき新たな教育の宣言です。

関心によって「事実」は変わる

繰り返し述べてきたように、『エミール』におけるルソーの方法は、まず、子どもをしっかり見てよく知ろう、というものでした。そして、そうすればきっと見えてくる、子どもの「自然」な成長のあり方を大事にしよう、というものでした。

でも、ルソーが生きた当時の社会においては、そんな教育ができるところはありませんでした。だからルソーは、架空の少年エミールをつくり出し、もしそんな教育がなされたとしたら、エミールはどんなふうに育つかを示していこうとしたのです。

ここで、ルソー自身、おそらくはある程度自覚していたけれど、『エミール』にはっきりとは書かれていない、彼の思考の方法について論じておきたいと思います。

「子どもの事実」を見て、その「自然」な成長をしっかり知ろう。

このルソーの方法は、今日の科学的な方法と言ってよいものです。

観察と実験。これが科学の主要な方法ですが、まさにルソーは、現実の子どもを観察し、その自然な成長を見きわめ、思考実験という形ではありますが、ある意味で実験をして、その結果を『エミール』に結実させたのです。

じっさい、ルソーによる子どもの観察は、今日の発達心理学などの知見に肉薄するほど鋭いものです。現代のような精緻な科学的方法がなかった時代に、おのれの洞察力だけを頼りに「子どもの事実」を次々と明るみに出したルソーは、やはり類まれなる学者であったと思います。

ただ、重要なのはここからです。

前にわたしは、次のようなことを言いました。

学校では、よく「子どもの事実」を大事にしようと言われるけれど、でもそこで言われる「子どもの事実」は、教師のコントロール下にどれだけ子どもが入りやすいかという、そのような観点から見られた「事実」になってしまってはいないだろうか？　と。

じつは「事実」なるものは、それをどのような観点、関心から見るかによって、まるで変わってしまうものなのです。

これは、ルソーより百年以上あとの哲学者のニーチェなどが強調したことです。彼はこんな有名な言葉を残しています。「まさしく事実なるものはなく、あるのはただ解釈のみ」と（『権力への意志』）。

どれだけ、これこそ子どもの「事実」だ、子どもの「自然」な成長だ、と言ったところで、それは観点によっていかようにも解釈できてしまうものなのです。したがって、現代どれだけ科学的方法が発展したからと言って、研究者自身が、自分がどのような観点、関心から研究しているかということに無自覚であれば、その研究は時に有害な結果にさえなりかねません。

たとえば、今日急速な進化を見せている行動遺伝学の知見によれば、学業成績の約五十%は遺伝子で説明できるとされています(4)。

これはいったい、どういう「子どもの事実」「自然」を言い表したものなのでしょう?

優秀な遺伝子を持つ子は優秀な成績をおさめるもの、という「事実」「自然」でしょうか。別言すれば、そうでない子が成績が悪いのは遺伝的にしかたないという「事実」「自然」でしょうか。

でももう一方で、こんな「事実」「自然」解釈も可能でしょう。

どんな子も、五十%は遺伝と関係なく、環境によって学力が育まれるものであるという「事実」「自然」です。別言すれば、十分な環境を整えれば、子どもの力の最大限の成長に寄与することができるという「事実」「自然」です。

どちらの「事実」を「事実」と解釈するかによって、わたしたちの教育論はまるでちがってきます。

まさしく事実なるものはなく、あるのはただ解釈のみ、なのです。

このことを、わたしたちは肝に銘じなければなりません。

絶対に客観的な事実なるものはありません。それはいつも、わたしたちのさまざまな観点や関心によって、つねにすでに、さまざまに解釈されているものなのです。

目的はあくまで「自由」

この点、ルソーは非常にえらかった。わたしはそう思います。

彼は、客観的な「自然」の法則を見つけ出し、それに従えと単純に言ったわけではないのです。

というのも、彼の言う「自然」は、いつもある観点・関心から見られたものだからです。

それが、みんな「自由」に生きたいと思ってるよね？　という観点です。みんなそうだよね？　「生きたいように生きたい」と思っているよね？　そうルソーは言うのです。だったら、その目的・観点・関心から、子どもの「自然」を見ようじゃないか、と。

先ほどの行動遺伝学によれば、今日、遺伝、すなわち文字どおり「自然」の影響は、かつて考えられていた以上に大きいことがわかっています。

ちなみに、これはあくまでも〝影響〟であって、遺伝子に〝決定〟されるという意味ではないので、その点には注意が必要です。また、遺伝学者によると、遺伝子には別に「単独の言語遺伝子も、ＡＤＨＤ〔注意欠陥多動性障害〕遺伝子も、がん遺伝子も、サッカー遺伝子」もありません。[5] さまざまな能力などの背景には、さまざまな遺伝子の複雑な組み合わせがあるのです。むろん、環境の要因も。

さらに、両親からどんな遺伝子の組み合わせを持った子どもが生まれるかは、まったくランダムです。兄弟姉妹の性格や能力がまったく異なる場合が多いことからも、それはよくわかることでしょう。「親が学力が低いから自分もダメだ」なんて思う必要はないのです。「とんびが鷹を産む」ことは、遺伝学的に言ってもふつうのことです。

とまれ、以上のような遺伝学的な知見も、『エミール』の観点から言えば、すべての子どもの「自由」のためにどう活かすかと考えるべきものです。

先述したとおり、その知見をもとに、〝優秀〟な遺伝子の持ち主だけに立派な教育を施すことを正当化するのか。それとも、すべての子どもの「自由」のために、どのような環境を整えていくかを考え合うのか。

この点、行動遺伝学にはこんな興味深い知見もあります。

子どもたちは、虐待だったり貧困だったり栄養不良だったりという劣悪な環境の中で育つと、「自然」な成長が妨げられるというのです。[6]

それはつまり、本来発揮されるはずだった遺伝的影響が、出にくくなるということです。もしも、栄養状態がよく、愛情もちゃんと注がれて育っていたら、その子は遺伝的に言っても、高い知能を発揮することが可能だったかもしれません。でも劣悪な環境に置かれると、そのような遺伝的影響が抑えられてしまうというのです。

これはまさに、ルソーが指摘したことそのものです。「自然」な成長をちゃんと大事にしないと、わたしたちは子どもを不自然にゆがめてしまうことになる。ルソーはそう言ったのでした。

すべての子どもの「自由」のために。この観点から見れば、右の「事実」は、子どもたちの家庭環境や教育環境の改善を求める、その根拠としての「事実」と解釈することができるようになるでしょう。

無色透明な、客観的な「事実」なるものはありません。それはいつも、わたしたちの目的や関心、観点によってその意味を変えるものなのです。

子どもたちが、「自由」な人間へと成長していくために。

繰り返しますが、これが、ルソーがつねに根本に置いていた教育の目的です。彼自身ははっきりと明言しているわけではありませんが、『エミール』を丹念に読めば、ルソーがつねにこの目的・観点から「自然」を解釈していたことは明らかです。

まとめ

以上、『エミール』におけるルソーの思考方法について論じてきました。最後に改めてまとめておきましょう。

ルソーは言います。

人間はみんな「自由」になりたいよね。だったら教育の目的は、支配者が支配者であり続けることではなく、みんなが「自由」になることだよね(そんな教育、いまの時代には想像さえできないかもしれないけれど)。

そのためには、そもそも人間の自然な成長がどういうものかを知る必要がある。もしそれがわからなければ、子どもたちを不自然にゆがめてしまって、自由とはほど遠いことになってしまうかもしれないから。

だったら、まずはちゃんと子どもを見よう。そうして子どもの「自然」な成長を知ろう。

それがわかれば、「自然」に沿った教育を実践していける。これからその教育について具体的に論じていくけど、残念ながら、いまの時代、いまの社会には、そんな教育ができる場所がない。

だからこの『エミール』では、架空の少年エミールを、半ば架空の家庭教師の「わたし」が教育して、彼がいったいどんなふうに成長していくかを描くことで、来るべき教育のあり方を示していこう。

——それでは、エミールの成長物語の、はじまり、はじまり。

第2章　無菌室で育てない！

『エミール』は、全部で五編からなる作品です。
それぞれの編は、おおむね次のような時期ごとに区切られています。

第一編……エミールが〇歳から一歳ごろまで（乳児期）
第二編……言葉を覚え始める一歳ごろから十二歳ごろまで（幼児期から、いまで言うところの学童期まで）
第三編……十二歳ごろから十五歳ごろまで（青年前期）
第四編……十五歳ごろから二十歳ごろまで（青年中期）
第五編……二十歳ごろから結婚するまで（青年後期）

以下では、各章ごとに一編ずつ、そのエッセンスを紹介していくことにしたいと思います。

手足をめいっぱい伸ばす

まずは、乳児期の教育について。

ルソーに言わせれば、彼の時代は、すでに赤ちゃんの世話のしかたから大きなまちがいを犯していました。というのも、当時、赤ちゃんは布でぐるぐる巻きにされ、時に壁に打ちつけた釘に引っかけてほうっておかれていたからです。

特に身分の高い女性たちは、自分で子育てをせずに乳母に任せっきりでした。乳母としては、大して愛情も持てない子どもの世話をすることになります。できるだけ手を抜きたいと思うのは、当然のことです。

ぜんぜん愛情を感じない他人の子の母になった女は、ひたすら骨の折れることをまぬがれようと考えた。子どもを自由にしておいては、たえず見はっていなければならない。ところが、しっかりとしばりつけておけば、泣いてもかまわずに隅《すみ》っこに放りだしておける。乳母の怠慢の証拠になるようなことさえなければ、乳飲み子が腕や足を折ったりするようなことさえなければ、あとは子どもが死んでしまおうが、一生病弱な人間になろうが、どうでもいいではないか。（上・四三―四四頁）

この時点で、すでに「自然」に反した教育が始まっているとルソーは言います。

子どもは、手足をめいっぱい伸ばして、物をさわったり、足の裏の感触を味わったりして、世界を探索していくものです。それが「自然」なことです。

生後数カ月くらいまでの赤ちゃんに見られる、原始反射と呼ばれるものがあります。たとえば、赤ちゃんの手のひらに指を持っていくと、きゅっと握ってくれる把握反射。これだけでこちらの胸もきゅんとなるわけですが、これは運動神経の向上などにつながっていると考えられます。

口の中に乳首や指を持っていくと、ちゅぱちゅぱ吸いつく吸啜《きゅうてつ》反射もあります。生まれながらに、つまり「自然」に、赤ちゃんがみずから生き抜こうとする力を備えているのを見ると、たのもしい気持ちになります。

物音などに反応して、寝ながら腕をビクッとバンザイするモロー反射もあります。頭のてっぺんくらいまでしかない赤ちゃんの短い腕がビクッとなる姿も、やっぱり可愛くてたまらないわけですが、これもまた、外界に反応する力が生まれつき備わっていることを示しています。

こうしたさまざまな原始反射は、赤ちゃんにとって欠かせないものです。だから布でぐるぐる巻きにされていたら、赤ちゃんが「自然」に成長できるはずがありません。

ルソーは言います。

こういう残酷な拘束が気質や体質に影響せずにすむだろうか。子どもたちが感じる最初の

感情は苦痛の感情である。（上・四三頁）

愛着理論

問題は、身体的なものにとどまりません。

親とのスキンシップもほとんどなく、愛情を感じずに育った子どもたちは、はたして「自然」にすくすく成長できるだろうか。そうルソーは言うのです。

現代の「愛着理論」の、先駆けのような指摘です。

二十世紀の心理学者、ジョン・ボウルビィは、乳幼児が養育者との間に親密な関係性を築くことの重要性を強調しました。この時期に、子どもが十分な愛着感情を持てず、「心の安全基地」を得ることができなければ、さまざまな不安を抱えたりして、健やかに育つことがむずかしくなってしまうというのです。(1)

ルソーも言います。母親が子どもに愛情を注がなければ、子どもの側も、「愛情はいわば生まれるまえに死んでしまう」と。つまり、人に対する信頼感や愛情などを持ちにくくなってしまうだろうと。そして言います。「こうしてわたしたちは最初の一歩から自然の外に出る」（上・五一頁）。

親が子どもに愛情を注ぐこと。そのことで、子どももまた愛情を知ること。それが「自然」なことなのに、多くの親は、みずからその「自然の外に出る」ようなことをしてしまっている。

そうルソーは言うのです。

ただ現代から見れば、ルソーの記述には、母親にばかり子どもへの愛情を注ぐよう要求しているように読めてしまうところがあります。そこは時代の限界と言うべきかもしれません。いまであれば、父母問わず、ここは養育者一般のことを言っていると理解するとよいかと思います。

無菌室に閉じ込めていないか？

ルソーは続けます。

子どもにはたっぷりと愛情を注ごう。でも、それは過保護とはまったく別のことだから、まちがえないようにしよう、と。

むしろ過保護は、子どもを弱くしてしまうのです。ルソーは言います。

そういう女性は子どもをだいじにしすぎて、弱さを感じさせないようにするためにますます弱くする。そして、子どもを自然の法則からまぬがれさせようとして、苦しいことを子どもから遠ざけ、すこしばかりの苦しみから一時まもってやることによって将来どれほどの事故と危険を子どもにもたらすことになるか、弱い子ども時代をいつまでもつづけさせて大人《おとな》になったときに苦労させるのは、どんなに残酷な心づかいであるかを考えないのだ。（上・五一

―五二頁）

ここでもルソーは、「自然」をよく見ようと言います。

自然を観察するがいい。そして自然が示してくれる道を行くがいい。自然はたえず子どもに試練をあたえる。あらゆる試練によって子どもの体質をきたえる。苦痛とはどういうものかをはやくから子どもに教える。歯が生えるときは熱をだす。はげしい腹痛がけいれんを起こさせる。いつまでもとまらない咳《せき》がのどをつまらせる。〔中略〕これが自然の規則だ。なぜそれに逆らおうとするのか。あなたがたは自然を矯正するつもりで自然の仕事をぶちこわしているのがわからないのか。（上・五二―五三頁）

子どもの具合がちょっとでも悪いと、親はおろおろしてしまうものです。だから過剰に面倒を見て、子どもが自分の力で治癒するのを妨げてしまうこともしばしばです。

でもルソーは言います。

子どもの力の限度を越えさえしなければ、力をつかわせたほうがつかわせないより危険が少ない。だから、いずれ耐えなければならない攻撃になれさせるがいい。不順な季節、風土、

環境、飢え、渇《かわ》き、疲労にたいして、かれらの体を鍛練させるがいい。（上・五三頁）

ごもっとも、と言うほかありません。わたしたちは、知らず知らずのうちに子どもを無菌室の中に閉じ込めて、かえって抵抗力がつく機会を奪ってしまってはいないか、自分をふり返る必要があるでしょう。

むろん、ルソー自身が「子どもの力の限度を越えさえしなければ」とただし書きをしていることは忘れてはなりません。ほうっておいて取り返しのつかないことになってしまったら、元も子もありません。

ルソー自身、子どもの半分は八歳までに死ぬと言っていますが、じっさい、当時の乳幼児死亡率は、現代とは比較にならないほどでした。

そんな時代に、あえて過保護をいましめるとは、なかなかなものです。いや、乳幼児死亡率が高かったからこそ、甘やかしていては結局大人になるまで生き延びられないということもあったのでしょう。

その点、生活環境が劇的に改善し、医療が進歩した今日のほうが、子どもに対して過保護になってしまいやすい傾向がありそうです。わたしたちは改めて、子どもを無菌室に閉じ込めてしまっていないか、ふり返る必要があるでしょう。

気まぐれに気をつけよ

『エミール』において繰り返し語られるのが、「気まぐれ」に気をつけよというメッセージです。

これは、親の気まぐれも、子どもの気まぐれも、どちらにも気をつけよということです。まずは親から。

わたしたちは、あまりにしばしば、子どもたちを気まぐれに甘やかしたり、叱ったりしてしまいます。気まぐれに甘やかしていたのは自分なのに、子どもが度を超したり、親の気に食わないことをしたりすると、また気まぐれに、今度は怒鳴りつけたりするのです。

「なんでこんなことをしたんだ〜っ！」

と。

なんでもかんでもありません。その前に、単に自分が甘やかしていただけなのです。本当は自分に責任があるのに、それを子どものせいにしているだけなのです。

ドキッとしてしまいます。

そしてこの気まぐれの一貫性のなさは、子どもをひどく混乱させることになります。何をすれば許されて、何をすれば叱られるか、わからなくなってしまうからです。

結果、子どもは親の顔色を見ながら育つことになるかもしれません。それは、じつは乳幼児期からはじまっているのです。

これもまた、「自然」に反したことだとルソーは言います。

よく、公園や学校などで、親や先生の顔色をうかがってばかりいる子どもたちを見かけます。むろん、人の顔色を観察できるのは、重要な能力です。社会的な生き物であるわたしたちは、相手が何を考えているかを察知する能力を必要とします。

でも、そのことが「自然」な成長を妨げるほど過剰になってくると、話は別です。

特に乳幼児期においては、まずは思い切り自分の力をふりしぼる経験を重ねることが大切です。そうする中で、自分の力がどれほどのものかを知り、足りないところへの自覚をとおして、成長への意欲が生まれてくるのです。

そんな時期に、親や教師からの、しかも気まぐれな命令が四六時中やってきたら、子どもは自分の力を知ることができなくなってしまいます。

「危ない！　こら、やめなさい！　何やってるの！」

公園などでも、親が終始こんなことばかり言っているのを目にすることがありますが、そう言われ続けた子どもは、まさに「息をしなさい」と言わないと、やがて呼吸さえできなくなってしまうかもしれません。

もっとも、そんな親の言葉など意に介さずに、自分を貫いて遊びとおしている子どもたちもいて、そんな時は、やっぱり子どもはたくましいものだなぁと思わされるのですが。

子どもを不幸にするのは簡単だ

次に子どもの気まぐれについて。

すでに乳幼児期のころから、子どもは親を試したりするものです。これくらい泣いてみたら、やさしくしてくれるかな、とか、もうお腹いっぱい、ぷいっ、とやっても、かわいがってくれるかな、とか。

これ自体は「自然」なことです。でも、それが子ども自身に〝必要〟があってやっていることなのか、単なる〝気まぐれ〟でやっていることなのかは、ちゃんと見きわめる必要があるとルソーは言います。

というのも、もしも気まぐれがつねに許されるようになると、子どもはいつまでも、その気まぐれのままに、わがままを突きとおすようになってしまうだろうからです。

それは子どもを「暴君」にすることである、とルソーは言います。

自分がなんでも言うことを聞いてもらえる暴君でいられることがわかると、子どもはそのうち、自分はえらいんだという勘違いをしてしまうようになります。

もしその勘違いのまま社会に出ていくことになったら、大変です。人に対して支配的な態度を取る人間は、やがてだれからも相手にされなくなってしまうでしょう。

これは第二編に書かれていることですが、子どもを不幸にするのは簡単なことであるとルソーは言います。

子どもを不幸にするいちばん確実な方法はなにか、それをあなたがたは知っているだろうか。それはいつでもなんでも手に入れられるようにしてやることだ。すぐに望みがかなえられるので、子どもの欲望はたえず大きくなって、おそかれはやかれ、やがてはあなたがたの無力のために、どうしても拒絶しなければならなくなる。ところが、そういう拒絶になれていない子どもは、ほしいものが手にはいらないということより、拒絶されたことをいっそうつらく考えることになる。(上・一五四頁)

子どもの気まぐれのままに、何でも望むものを手に入れられるようにしてやること。これが、子どもを不幸にする簡単なやり方だとルソーは言うのです。

本当に、そのとおりだと思います。

人生は、自分の気まぐれな思いどおりにはいかないものです。なのに、幼少期に気まぐれ放題ができてしまうと、その後の長い人生において、わたしたちはただ苦しむばかりになってしまうにちがいありません。

ではどうしたらいいか?

子どもの過剰な気まぐれに従わないためには、次の簡単なことを意識していればよい。そうルソーは言います。

そういう習慣をなおす方法、あるいはそれを予防する方法は、ただ一つ、ぜんぜん気にしないことだ。（上・一〇九頁）

なるほど、その手があったか！

ただしルソーは、「だからといって、わたしは、子どもはほうっておけ、などと言うつもりは全然ない」（上・一〇八頁）とも言います。むしろ、ここでもやっぱり、子どもをよく見よ、と言うのです。子どもをよく見て、何が必要な訴えで、何が気まぐれかを見きわめよう。そうルソーは言うのです。

泣けば何かいいことがありそうだ。そう子どもが思っていそうであれば、それは「ぜんぜん気にしない」ことです。でも、体の不調を訴えるなど、本当に必要な泣き声であった場合には、ちゃんと応えなければなりません。

見きわめが非常にむずかしいところではありますが、意識しているのとしていないのとでは、子どもとの関わりはきっと変わってくるのではないかと思います。

少年エミールについて

さて、ここまでエミールが出てきませんでしたが、このあたりからようやく、主役として登場しはじめます。

まず、エミールはごくふつうの少年であることが語られます。「わたし」による「理想の教育」をするために、ごていねいに〝みなしご〟であるという設定までされています。親の余計な口出しが入らないように、ということでしょうか(もっとも、別に両親がいてもかまわないのだが、とも書かれているのですが)。

健康状態は良好。そうでないと長生きできないので、教育論にならないということでしょう。それから、肉体が弱いと、さまざまな誘惑に負けやすいから、という理由もあるようです。


肉体は弱ければ弱いほど命令する。強ければ強いほど服従する。あらゆる官能の情欲は弱い肉体のなかに宿る。弱い肉体は情欲を十分に満足させることができないのでますますいらだってくる。(上・七〇頁)

ここには、ルソー自身が病弱であったことが影響しているのだろうと思います。

体の調子が悪いと、いろんなことが思いどおりにいかないために、イライラしてしまいやすいものです。その結果、理性を失い、自制心も失ってしまうこともあるかもしれません。いろんな誘惑にも、負けやすくなってしまうかもしれません。

「肉体は弱ければ弱いほど命令する」とは、肉体的欲望にわたしたちが屈服させられてしまという意味です。「強ければ強いほど服従する」とは、肉体的欲望を、理性によって服従させることができるという意味です。

いろんな欲望に負けてきた、ルソー自身の〝弱さ〟が吐露された場面と読むこともできるかもしれません。

むろん、肉体が弱い子どもはみんなそうなるというわけではありません。むしろ、いっそうたくましく成長する場合だって、大いにあるでしょう。ルソーの言葉を、あまり一般化しすぎるのはつつしむ必要があるとわたしは思います。

とまれ、ルソーは次のようにも言います。

悪はすべて弱さから生まれる。子どもが悪くなるのは、その子が弱いからにほかならない。強くすれば善良になる。なんでもできる者はけっして悪いことをしない。（上・一〇三頁）

ここで言われる「弱さ」とは、おのれの欲望に負けてしまう弱さのことです。欲望をコントロールできる〝強い〟人間は、たとえば人をだましてほしいものを手に入れたり、盗んだりする必要などありません。そうした「悪」をなすのは、おのれの欲望に負けてしまう〝弱い〟人間のほうなのです。

ルサンチマンとは無縁な成長を

第1章で紹介したニーチェも、『道徳の系譜』という本の中で次のようなことを言っています。

ニーチェは、弱者のルサンチマン(妬み、そねみ)が、さまざまな悪徳を生むと言いました。しかもそれを、悪徳ではなく、まるで正義であるかのように取りつくろって、と。

どういうことでしょう?

ルサンチマンは、まず他者への攻撃性として現れます。「あいつばっかりモテやがって、許せない」「金持ちぶりやがって」「高学歴かなんか知らんけど、エラそうにしやがって」……。

同時に、このルサンチマンは、そんな自分を正当化します。「だって悪いのはあいつらなんだから」と。

そして考えます。あいつらは悪である。それに対して、自分は善である。

あいつらは、強者だから悪である。他方、自分は弱者だから善である。

強者は悪であり、弱者こそが正義なのである。

これは、想像の中でひっくり返された善悪の価値観である。そうニーチェは言います。

本当は、だれだって強くありたいはずです。だから、強くあることが「よい」と、本当は思っている。弱くあることは「よくない」「望ましくない」ことだと思っている。

でも、強くなれない。そんな自分が情けない。そんなのは嫌だ。自分は正しいと思いたい。

弱い自分を、正しいと思いたい。思いたい……。

いやいや、何を言ってるんだ、弱い自分こそ正しいんじゃないか。だって自分は弱いんだから。本当は、強い奴が悪いんだから！

こうして、善悪の価値観がひっくり返るとニーチェは言います。強いことは悪で、弱さこそが正義であるという価値観がつくり出されるのです。

さて、そんなルサンチマンを抱えた人間は、いつも他人を引きずりおろしたいとひそかに願っています。

本来、それは悪いことのはず。でもルサンチマン人間は、それこそ善であると、自分を正当化するのです。だって自分は正義なんだから。

著名人が何か過ちを犯した際に、多くの人がSNSなどで一斉に攻撃をしかけるような場面に、こうした心理を感じます。正義の顔をして、ここぞとばかりに人を攻撃するのです。

でもルソーもニーチェも言います。それでわたしたちは、本当に幸せになれるんだろうか、と。ルサンチマンを抱えて、いつもだれかを攻撃したいと思っているなんて、自分の人生をただみじめでつらいものにしてしまっているだけなんじゃないだろうか、と。

本当に、そう思います。

ニーチェは、「ルサンチマンを食いちぎれ！」と言いました。人生をみじめにするルサンチマンなんか、食いちぎって捨ててしまえ、と。

他方、ルソーに言わせれば、そもそもそんなルサンチマンを感じないように子どもを育てよう、となるでしょう。

ルサンチマンというのは、結局のところ、自分と折り合いがついていないから抱いてしまうものです。こうありたいのに、あれない。こうなりたいのに、なれない。でもあいつは、自分の願望を全部叶えているように見える。許せない。許せない……。

だったら最初から、自分と折り合いがつけられるように成長すればいいのです。前にも引用したとおり、「ほんとうに自由な人間は自分ができることだけを欲し、自分の気に入ったことをする」。そんな人間は、ルサンチマンなんて抱くことなく、自分の人生を満足して生きることができるでしょう。

繰り返しますが、『エミール』の最大のテーマは、どうすればわたしたちは自由に幸せに生きられるか、です。

そのための教育のあり方を、ルソーはこのあと、エミールの成長に合わせて論じていくことになるのです。

過剰な欲望に苦しまないように

その一つの秘訣が、「過剰な欲望に苦しまないように」育てる、ということになります。この過剰な欲望こそが、わたしたちを不自由で不幸にしてしまう一番の原因だからです。

そのために、ルソーはエミールを、先述したように都市ではなく田舎で育つという設定にします。

というのも、都市はまるで「自然」な場所ではないからです。

それは、文字どおり「自然」がない、という意味でもありますが、もっと本質的には、やはり人間本性がゆがめられてしまう場所である、という意味です。

「都市は人間の堕落の淵《ふち》だ」とルソーは言います。ここには、ルソーのパリでの生活が大きく影響しています。

見栄や嘘や傲慢や腹のさぐり合いが渦巻くパリの社交界。それがルソーは嫌いでたまりませんでした。人間が、不自然でいびつな欲望に支配されている。彼は都市を、そんな場所と感じていたのです。

現代のわたしたちも、あるいは現代のわたしたちこそ、共感できるところがあるのではないかと思います。

大都会の華やかな街を歩いていると、わたしたちはさまざまな欲望が刺激されるのを感じます。高級なレストランがある、美しい人がいる、おしゃれな服が売られている、高価な車に乗っている人がいる……。

いつしか、わたしたちはそれが欲しくなる。

でも、そう簡単には手に入りません。もし手に入れることができたとしても、上には上がいるので、欲望には限りがありません。

うっかり、その欲望達成競争の中に足を踏み入れたら大変です。いつまでたっても満たされることのない、際限のない欲望ゲームの渦に飲み込まれてしまいます。

でもそれって、人間にとって本当に「自然」で必要な欲望なのだろうか？

そうルソーはわたしたちに問いかけます。

どれだけ人よりお金を手に入れても、人より高級な店で食事ができても、人よりいい車に乗っても、それでわたしたちは幸せになれるのだろうか？　過剰な欲望達成競争に飲まれる中で、じつはかえって不幸になってはいないだろうか？　ルソーはそう問うのです。

この点については、第二編でくわしく論じられるので、またあとで言及します。

とまれ、エミールは以上のように、ごくふつうの少年です。

以下、そんな少年エミールが生まれてから一歳くらいまで、「わたし」がどんなことに気をつけて育てていくのかを、簡単に見ていくことにしましょう。

丈夫な体でいるために

たくましく育てるためには、無菌室に閉じ込めてはならない。先ほどそう言いましたが、ルソーはその具体的な方策もいろいろと論じています。

乳幼児期は、特に体を丈夫にする時期です。そこで彼は、まず産湯についてこう言います。

生まれるとすぐに子どもを温かい湯で洗うが、そのばあい、ふつう、湯にぶどう酒を混ぜる。このぶどう酒をくわえることはほとんど必要ないことだと思う。自然は醱酵したものをなに一つ産出しないのだから、人工的な液体をもちいることが、自然によってつくられた者の生命に必要だとは考えられない。

同じ理由から、水を温めるという心づかいも、かならずそうしなければならないことではない。じっさい、多くの民族は生まれたばかりの子どもをなんのおかまいもなしに川や海で洗っている。(上・八四頁)

現代の医学的にどれくらい妥当なのかはわかりませんが、ここでもルソーが言いたいのは、子どもができるだけ「自然」に成長できるよう意識せよということです。

子どもは本来、自然の変化に、ある程度は適応できるものです。服を着ている部分は寒さに弱いけれど、いつも外気にさらされている顔が寒さに強いように、子どもはできるだけ自然の変化に動じない、あるいは柔軟であることが望ましい。

そこで乳幼児期に重要なのは、「どんな習慣にもなじまない」ように育てることだとルソーは言います。

子どもにつけさせてもいいただ一つの習慣は、どんな習慣にもなじまないということだ。

（上・九二頁）

なかなかおもしろい指摘だと思います。

自然は、わたしたちにどんな変化をもたらすかわかりません。特に当時は、いつでも三食にありつけるわけではありません。自分のベッドで、いつも枕を高くして寝られるとは限りません。天変地異だって、いつ起こるかわかりません。だから、どんな状況になっても、それに適応できるように子どもを育てることが大事だとルソーは言うのです。

同じ時刻に食べたり、眠ったり、行動したりしたくなるようにしてはならない。昼も夜もひとりでいられないようにしてはならない。体に自然の習性をたもたせることによって、いつでも自分で自分を支配するように、ひとたび意志をもつにいたったなら、なにごとも自分の意志でするようにしてやることによって、はやくから自由の時代と力の使用を準備させることだ。（上・九二頁）

ほかにも、子どもはクモやヘビを恐れるものと一般には思われているけれど、それは大人が怯える姿を見ただけのこと、早いうちに慣れさせておけば、怖がることはない、ともルソーは言います。

どんなに恐ろしいものだろうと、それを毎日のように見ている者には恐ろしくなくなる。

（上・九三頁）

なるほど、たしかにルソーの言う通りかもしれません。

子どもを尊重せよ

言うまでもなく、乳児は言葉を話すことができません。

でも、自分を伝えたいという思いは持っている。それが「自然」なことです。

そこで、赤ちゃんはまず「泣く」というしかたで自分を表現します。

この子どもからのメッセージを、大人はちゃんと受け取ろう。そうルソーは言います。先ほども言ったように、それが単なる気まぐれによるものなのか、それとも必要があっての泣き声なのか、ちゃんと見分ける必要があると言うのです。

子どもの最初の泣き声は願いである。気をつけていないと、それはやがて命令になる。

（上・一〇一頁）

この「命令」としての泣き声が、つねに聞き届けられてしまうと、子どもは「暴君」になってしまうだろう、というのは、先ほど見たとおりです。

だから子どもが泣くのにどう対応するかは、じつは意外に大事なことなのです。ルソーは言います。

この泣き声を人々はそれほど注意にあたいするものとは思っていないのだが、ここから、人間の、かれの周囲にあるすべてのものにたいする最初の関係が生じてくる。（上・九九頁）

むろん、うるさいからと言って、子どもを叩いておとなしくさせるなんていうのは論外です。

「人生へのかどでにさいして、なんという奇妙な教訓」。そうルソーは言います。

そうやって殴られた子について、ルソーは次のようなエピソードを紹介しています。

かわいそうにその子は、怒りに喉をつまらせていたのだ。息もできないくらいになっていたのだ。見ていると、顔は紫色に変わった。一瞬間ののち、はげしい叫び声をあげた。その年ごろの子どもが感じることのできる恨み、怒り、絶望のあらゆるしるしが、その声にふくま

れていた。（上・一〇〇頁）

このエピソードからは、どんな小さな子どもにも、自分の尊厳を守ろうとする気持ちがあることがうかがえます。理不尽にその尊厳を傷つけられたら、そのことが〝不正〟であることを感じ取るのです。

ここからルソーは、人間には正邪を判断する力がきっと生まれつき備わっているのだろうと推論しています。

その根源には、尊厳が守られるかどうかという感情がある。

とすれば、人間関係における重要な規則が見つけ出されるまでには、あともう一歩です。

お互いを、尊厳ある人間同士として尊重せよ。

これが、やがて青年期を迎えるにあたって、エミールが言葉として改めて教えられる原則となります。

しかしその根は、言葉を十分にしゃべれない乳幼児のころから育っているのです。

幼児でさえ、尊厳を傷つけられれば顔を真っ赤にして怒ります。

それはつまり、どれだけ子どもだとしても、わたしたち大人は、彼ら彼女らを一人の人間として尊重しながら育てなければならないということを意味します。

それがやがて、子どもたちがみずから他者を尊重できる人へと成長していく、重要な土台になるのです。

言葉の教育で注意すべきこと

本章の最後に、やがて言葉を覚えはじめる子どもに対して、ルソーがやってはいけないと言っていることについてご紹介しておきましょう。

子どもの言いまちがいなどを、いちいち細かく指導するなとルソーは言うのです。

細かいまちがいをすべて、いちいちしつこく子どもになおしてやろうとするのは、やりきれない衒学《げんがく》趣味であり、まったくよけいなお世話でもある。そういうことは、時がたつにつれて子どもがかならず自分でなおすようになる。子どものまえではいつも正確に話すがいい。だれよりもあなたがたと一緒にいるのが子どもには楽しいということになるようにするがいい。そうすれば、子どものことばはあなたがたのことばを手本にして、知らず知らずのうちに正しくなるのだから、あなたがたはなにも注意してやる必要はない。(上・一一四頁)

これは本当に、肝に銘じておきたいことです。

わたしたちは、子どもが何かまちがうと、すぐに「はいまちがい、やり直し!」みたいに言ってしまうものです。

でもそのことが、どれだけ子どもたちの「自然」な学ぶ意欲をそいでしまっているか、改めてふり返ってみる必要があるでしょう。

言葉も同じです。子どもは基本的に、「自然」に言葉を覚えていくものです。なのに、その「自然」を邪魔して、細かなまちがいをいちいち指摘して言い直させたりしていたら、子どもはそのうち話すことがイヤになってしまうでしょう。

まさに、「自然」なはずの成長が不自然にゆがめられてしまうのです。

これは、言葉の発達が一見遅れているように見える子も同様です。というより、そうした子に対してこそ、わたしたちは自覚的である必要があります。

人々はそのおくれに気がつくと、不安を感じ、はやくから話しはじめた子どものばあいよりもいっそうやっきになって話をさせようとする。ところがこのまちがったせっかちなやりかたは、子どもの話をあいまいにする大きな原因となるのであって、そんなに急ぎさえしなければ、子どもは十分ひまをかけて、もっと完全な話しかたができるようになるのだ。(上・一二〇頁)

親にとって、わが子の発達が少し遅く感じられるのは、とても心配なことです。

でも、そこで焦って、しゃべるようにさせなきゃ、勉強させなきゃ、とやると、子どもは余計に苦しくなって、その「自然」な成長が妨げられてしまうとルソーは言うのです。

一人ひとり、子どもには「自然」な成長のペースがあります。それを無視して外から変な圧力をかけると、やっぱり不自然にゆがめられてしまうのです。

言葉に限らず、教育はすべて、一人ひとりの特性に応じて異なるべきものです。そしてそれは、とりもなおさず、子どもたち一人ひとりをちゃんと見て、その「自然」に応じることにほかならないのです。


ちなみに、右に引用したルソーの主張の妥当性は、今日、科学的に大いに検証される必要があるとわたしは思います。

また、現在、言葉の発達に遅れが見られる子どもには、公的にもさまざまな支援がなされていますが、特に日本においては、学習支援・指導方法のあり方は、まだ十分に確立していないのが現状のようです(2)。

そこで今後、その支援のあり方が、ルソー的な観点から言って本当に「自然」なものであるかどうかも、しっかり検証される必要があるだろうとわたしは思います。また、いっそう「自然」なものでありうるにはどうすればよいかということも、ますます考えていく必要があるでしょう。

第3章　欲望と能力を調和させよう

第二編で論じられるのは、一歳ごろから十二歳ごろまでの教育です。言葉を覚えはじめたころから、いまで言うところの学童期の終わりまでと考えてよいでしょう。

保育園や幼稚園、こども園、小学校の先生、また子育て中の方々にとっては、興味津々、時に目からウロコな名言のオンパレードだと思います。

一日に百回ころんでもいい

ルソーと言えば、「消極教育」。聞いたことのある方も、多いのではないかと思います。

それは一言で言えば、子どもの「自然」な成長にとって、不必要であるばかりか有害でさえある〝指導〟などするな、ということです。

親や教師は、「自然」に抗して子どもに何かを積極的に教えていこうとするのではなく、「自然」な成長に寄り添い、それをそっと後押しすればよいのです。

むろん、これは乳幼児期においてもずっと言われていたことでした。

でも、子どもが言葉を覚えはじめる時期になると、このことはいっそう重要になってきます。というのも、この時期になると、子どもは「自分で学ぶ」ことがますますできるようになるからです。

だから大事なのは、大人が余計なことをして、その「自分で学ぶ」力を奪ってしまわないことです。

それは体の使い方一つとっても言えることです。ルソーは言います。

　わたしはエミールがけがをしないように注意するようなことはしまい。かえってかれが一度もけがをせず、苦痛というものを知らずに成長するとしたら、これはたいへん困ったことだと思うだろう。苦しむこと、それはかれがなによりもまず学ばなければならないことであり、それを知ることこそ将来もっとも必要になることなのだ。(上・一二七頁)

　一日に百回ころんでもいい。それはけっこうなことだ。それだけはやく起きあがることを学ぶことになる。(上・一二九頁)

前章でも、子どもを無菌室に閉じ込めて、抵抗力がつくのを妨げるようなことがあってはならないという話をしました。

この姿勢は、ここでさらに際立ってきます。

子どもはケガをするものです。よちよち歩きをはじめたら、必ず転んで頭を打つし、飛び越えられると思った溝を飛び越えられずに膝を打って痛みに転げ回るし、木に登れば落ちるし、つかみ合いのケンカになって、ケガをすることもあればさせることだってあるでしょう。

それでいいのです。それが「自然」なことです。子どもはそうやって、体の使い方を覚えるのです。自分のいまの力の限界を知り、それを乗り越えていく気概を得るのです。ケンカをすることで、関係の修復のしかたを学ぶのです。

でも、もしもいつも、親から危ない、危ないとばかり言われ、ちょっとした冒険もさせてもらえなかったとしたらどうでしょう？　ケンカになると、すぐに大人が割って入ってやめさせたとしたらどうでしょう？　そして、無理やりお互いにあやまらせたりしたら？

子どもは、体の使い方も、人間関係の築き方や修復のしかたも、学ぶ機会がないまま大人になってしまうかもしれません。それはやっぱり、子どもを不幸で不自由にする教育です。

だから「一日に百回ころんでもいい」のです。子どもはそうやって成長していくのです。

ただしこれも、子どもを完全に放置しておいてかまわないということではありません。

今日の野外教育やプレーパークなどは、ある意味では、ルソーの思想の流れをくむものです。

こうした現場では、子どもたちが自然の中などで思い切り冒険をして遊びます。ノコギリや金槌なども使います。だからしょっちゅうケガもします。

でも、絶対に命の危険がないよう、大人はちゃんと配慮するし、子どもたちともそのことを約束します。木には自由に登っていいけれど、落ちた時のために、下には釘などがないかまず確かめようね、といったように。

「一日に百回ころんでもいい」ように、大人はちゃんとそれを見守ったり、環境を整えたりして、子どもの安全には十分に配慮する必要があるのです。

子どもを無力にしてしまってないか?

いま言った、「環境」を整えることを通しての子育て、教育というのは、今日の保育や幼児教育においては最も基本とされていることです。

これもまた、その一つの源流をルソーに見ることができると言っていいでしょう。

むろん、いかに近代教育思想の源流と言われるからと言って、なんでもかんでもルソーを元祖のようにあつかうのはつつしまなければなりません。ルソーもまた、それまでの多くの思想家たちのバトンを受け継いで、みずからの思想を形成したのです(『エミール』に書かれていることは、じつはこれまで言われてきたほど当時としても新しいことではなかったという最近の研究動向もあるようです[1])。

それはともかく、環境を整える、ということで言えば、ルソーはこんなことも言っています。

子どもは思うままに跳《と》びはね、駆《か》けまわり、大声をあげなければならない。かれらのあらゆる運動は強くなろうとする体の構造の必要から生まれているのだ。(上・一五〇頁)

でも、大人としては、子どもがいつも家の中を飛び跳ねていたら困ってしまいます。お皿が割れる。置物が壊れる。ドアが破れる。もう大変です。

だからと言って、子どもをおさえつけるな。そうルソーは言います。

むしろ変えるべきは、家の環境のほうである、と。

子どもに完全な自由をあたえて騒がせておくときには、大きな損害になるようなものはすべて子どもから遠ざけ、すぐこわれるようなもの、貴重なものはなに一つ手の届くところにおかないようにしたほうがいい。(上・一七〇頁)

実践的なアドバイスです。どの家庭でもある程度やっていることとは思いますが、より意識しておくといいでしょう。

ちなみに、マリア・モンテッソーリという、有名なモンテッソーリ・メソッドの生みの親である二十世紀の教育者も、こんなことを言っています[2]。

モンテッソーリが、同僚の医者――モンテッソーリはお医者さんでした――の二歳になる息子に会った時のこと。

その子は、父親の机の上の便箋やインク壺のふたなどに、夢中になっていました。

その様子を、ほほえましく見守っていたモンテッソーリ。

ところがその時、父親と母親は、「この子は落ち着きがなくて性悪だ！」と言って、子どもを机から引き離したのです。「やってはいけないと言っているのに、この子はいつもなんでもつかむのだ」と。

モンテッソーリは嘆きます。なんでもつかむこと。それこそ、この時期の子どもたちに必要なことではないか。子どもがやがてペンをとって物が書けるようになるのは、このころのなんでもつかむ練習からやってくるのに、と。

なのにこの子は、そんな「自然」な成長が親によって妨げられている。こんなことが続けば、やがてその子は無気力になってしまうだろう。何をやっても、大人に妨害されてしまうのだから。

モンテッソーリは続けます。子どもが暴れるのは、そうやっていつも自分の本能が妨害されてしまうからなのだ、と。でも、まずはものを好きにつかめるようにさせてあげてごらんなさい。そうすれば子どもは満足して、落ち着いてのびのび成長できるから、と。

これまでにも何度か、「あれしなさい、これしなさい、あれするな、これするな、とばかり言い続けていると、子どもはそのうち、息をしなさいと言わないと呼吸さえしなくなるぞ」というルソーの言葉を紹介してきました。

これについては、モンテッソーリも同じようなことを言っています。

大人は、しつけだと言って、子どもたちにあれしなさい、これしなさい、あれするな、これするな、と命令する。そして、それができるようになると満足する。

でも勘違いしてはいけない。それはじつは、子どもをただ無力にしてしまっているだけなのだ、と。

モンテッソーリの言葉には、ルソーの言葉かと見まがうようなものが無数にあります。むろん、彼女もルソーは読んでいたでしょう。でもそれ以上に、子どもをよく見て、その自然な成長に思いをはせたことのある人であれば、だれだってほとんど同じことを言うにちがいないのです。

大人の善意が子どもの悪徳を生む

ルソーは続けます。

自由が尊重されている子どもは、いつも落ち着いている。それに対して、ふだん抑圧されている子どもは、つかの間の自由が与えられると、急いでその自由を濫用しようと、めちゃくちゃなことをしてしまうものである、と。

だから、まずは子どもの「自由」を尊重しよう、と。

このことについて、少しご紹介したい話があります。

近年、子どもたちの手で校則を見直していく活動が、全国に広がっています(3)。その活動の中で、先生方からよく聞く言葉があるのです。

そう、「そんなことをしたら学校が荒れる」という、おなじみの言葉です。

でも、これはいろんな意味でまちがった認識です。

まずは経験的に言って、これまで数十校で実践されてきた中に、そんな例は一つもありませんでした。最初は少し浮かれた雰囲気になる場合があったとしても、しばらくすれば落ち着きます。

まさに、子どもたちは、つかの間の自由が与えられると、急いでその自由を濫用しようとするものです。でも同時に、ちゃんと自分の自由が尊重されるようになると、むしろ落ち着いて、他者のことも尊重できるようになるのです。

わたしたちは、みずからの自由が抑圧されると、他者の自由も認められなくなるものです。むしろ、自分より自由そうにしている人がいると、「あいつばっかりずるい」と、人に対して不寛容になってしまうものです。

それだけではありません。子どもたちは、自由が抑圧されると、どうやってうまく監視の目をごまかしてやろうかとか、抜け駆けしてやろうかとか、思うようになります。

そうやって、子どもたちは、嘘をついたり、人をだましたりすることを覚えるようになるのです。

子ども時代を思い出して、思いあたる節のある方も多いのではないでしょうか。

つまり大人は、善意で子どもをしつけているつもりで、かえって悪徳を育んでいるのだとルソーは言うのです。

嘘、ごまかし、抜け駆け、不寛容……。さまざまな悪徳を、大人はみずから子どもたちに学ばせてしまっているのです。


人は子どもに美徳を教えているようにみえながら、あらゆる不徳を好ませるようにしているのだ。悪いことを禁じながら、悪いことを教えているのだ。信心ぶかい子どもにしようとして、子どもを教会に連れていって退屈させる。たえまなしにお祈りを唱えさせることによって、神を祈らなくてもすむようになる幸福な時を待ち望ませる。（上・一九八―一九九頁）

じつに味わい深い一節です。

理屈ではなく事実を

むろんこれは、一切のしつけをしてはならないということではありません。子どもの「自然」な成長を抑圧し、ゆがめてしまうようなしつけをしてはならないということです。

大人が意識しておくべき重要なことは、前にも述べた次の二点です。

まずは、「だれにもけっして害をあたえない」というルール。これについては、必ず教え、約束を交わさなければなりません。もう一度引用しておきましょう。

子どもにふさわしい唯一の道徳上の教訓、そしてあらゆる年齢の人にとってもっとも重要な教訓、それはだれにもけっして害をあたえないということだ。(上・二〇三頁)

子どもも、このルールについては「自然」に理解します。

前に言ったとおり、どんな小さな子どもも、自分の尊厳が傷つけられれば顔を真っ赤にして怒ります。だから、自分もまた人を傷つけてはならないのだということを、子どもは自然に理解できるものなのです。

もう一つは、子どもの「気まぐれ」には従わないということです。いつでも気まぐれが許されてしまえば、その子は暴君になり、やがて不幸な大人になってしまうだろうということは、前に見たとおりです。

たとえば、子どもはすぐに、気まぐれでものをほしがります。だれかがアイスを食べているのを見れば「わたしも食べたい」と言い、カプセルトイを見れば「やりたい」と言い、おもちゃ屋さんの前を通れば「あれほしい」と言うものです。

それらの気まぐれを全部かなえてしまったら、いったいどうなるでしょう？

まさにそれこそ、子どもを不幸にする一番簡単な方法なのです。


この時、ルソーはおもしろいことを言います。

前に、子どもの気まぐれについては「ぜんぜん気にしない」ことが秘訣だと言いましたが、そうは言っても、子どもには何か返答しなければならないことも多いでしょう。

その場合、この時期の子どもには、道理を説いても意味がない。そうルソーは言います。

「いいかい、人がアイスを食べているのを見たからと言って、すぐにほしがってはいけないよ。そんな気まぐればかり起こしていたら、将来不幸な人間になってしまうよ」なんて言っても、意味がないのです。

というより、それはむしろ、道理というものへの不信感を与えることになるでしょう。親は へ理屈を言って、自分を従わせようとしている。そんなふうに思わせてしまうかもしれません。

来るべき「理性」の時代にとって、それは大きな打撃です。

理性はとても大事なものです。自分をコントロールしたり、異なる他者と合意形成をしたりする際に、わたしたちは理性を用います。

だからこそ、子どもはその理性を重んじることができるよう育つ必要がある。

でも、いまはまだ「理性の眠りの時期」である。ルソーはそう言います。そんな時期に、大人はへ理屈を言うものだということを、子どもに感じさせてはいけないのです。

ではどうすればいいか？

ルソーは言います。

「もうないから」ということばは、それにたいして子どもがけっして反抗したことがない返事だ。（上・一六六頁）

たとえば、「お菓子をもっと食べたい！」と言う子に対して、「もうないから」と言う。理屈を説かれても不信感が募るだけですが、厳然たる事実については、子どもは納得するものです。

さらにルソーは言います。一度「ダメ」と言ったら、必ず貫きとおせ、と。

「だめ」といったら、このことばは鉄の扉《とびら》であってもらいたい。それにたいして子どもは、五回か六回、力をつかいはたしたあげくにはもうそれを打ち破ろうとはしなくなるだろう。

（上・一六五頁）

「もうないから」と言っておきながら、何度もねだられると、「しかたないなあ、今回だけだよ」とお菓子をあげたり、アイスを買ってしまったり。そんな経験のある親は、きっと多いのではないかと思います（わたしも耳が痛いです）。

でもそうすると、子どもは大人が嘘をついていたことを見破ります。そして、あの手この手で親をゆさぶれば、自分の気まぐれな欲望を満たすことができるのだと学んでしまいます。

これはやっぱり、子どもを不幸にしてしまうかもしれない子育てなのです。

ルールをつくり合う

ただ、このルソーのアドバイス、わたしも二人の娘に実践したのですが、通用するのは三、四歳くらいまでという印象があります。それ以降になると、大人が少しでも嘘をついていれば、簡単に見破られてしまいます。そして、「いいや、きっとどこかにお菓子があるはずだ」と、みずから捜索をはじめるのです。

そんなわけもあってか、わが家にはいつしか、本当にお菓子がなくなりました。「もうないから」が、ほとんどの場合、真実になったのです。

ただ、たまにお土産をいただいたり、アイスを買って冷凍庫に入れておいたりすると、ここぞとばかりにとんでもない勢いでなくなってしまうようになりましたので、結果としてよかったのかどうかはよくわかりません(その意味では、お菓子がわが家になくなったのは、買い置きしてもすぐになくなることに疲れただけなのかもしれません)。

そんな時は、家族でちょっと話し合います。特に、いつもあまりのスピードでお土産にいただいたお菓子が減っていき、気がつけばわたしの取り分がなくなっているので、「ちゃんとパパのことも考えて」という話になります。

せこいな〜パパは、と思われるのが癪ではあるのですが、家族が共に生活するためにはやはりルールは必要です。ちゃんと他の人のことも考えて食べること、健康のためにも一気に食べ尽くさないこと、などを確認します。

が、しばらくするとこの約束はまた破られます。そしてまた話し合いです。

まあ、家族というのはそういうものですね。

もっとも、家庭内のお菓子程度のことであれば、厳格なルールを決めなくてもその場その場で柔軟に対応できますから、それほど問題ではありません。

より真剣に考える必要があるのは、もう少し深刻な場面です。

たとえば、スマホの使い方など、健康や安全に関係のあること。それから、気がつけばいつもきょうだいゲンカになる場面など。

こうした事柄については、ちゃんとしたルールが必要になります。

その際、わたし自身が大事にしているのは、親が一方的にルールを与えるのではなく、子どもと一緒に話し合い、お互いが納得してルールを設定することです。

そうすると、それを守る責任を、子ども自身が持つことになります。子どももそのことを納得し自覚します。

一方的に与えられるルールだと、先に見たように、子どもはどうやってそれをうまくごまかしてやろうかと考える傾向があります。まさに、大人の善意が子どもの悪徳を生み出してしまいかねないのです。

と、そうは言っても、こうしたルールも何度も破られるわけです。

そのたびに、こちらはイライラしたり、ハラハラしたり。わたし自身も、親としてまだまだ本当に未熟だなぁといつも思います。ちゃんと落ち着いて、何度もルールを確認し、必要に応じて一緒につくり直したいものです。

エミールには友だちがいない?

ちょうどよい話の流れになりましたので、ここで少し、『エミール』に足りない視点を指摘しておきたいと思います。

哲学者の西研さんも言われているとおり、エミールには、同年代の友だちとのかかわりがほとんどないのです(4)。「だれにもけっして害をあたえない」という人間関係のルールは与えられますが、それを共に学び、実践していける仲間がいないのです。

奇術師だったり、畑の園丁だったり、さまざまな大人たちは登場します。でも、同じ年代の友だちは、不自然なくらいにいない。

その背景には、ルソー自身が独学の人であったということもあるのではないかと思います。幼いころ、彼は父親とさまざまな本を読んで、みずからの学びを深めました。でもその後、父親が貴族との決闘騒ぎを起こして訴えられ、失踪してからは、ずっと一人で、みずからの関心のおもむくままに学問を続けてきたのです。

それともう一つ、前に言ったとおり、ルソーがエミールを、堕落した都市から隔離して育てたという事情もあります。

都市における身分社会では、だれもが人を見下したり、逆にみずからを蔑んだりしています。ルソーは、そんな「不自然」な社会とは無縁な中で、エミールをのびのび成長させてあげたかったのです。

でもそのために、エミールにはほとんど友だちがいません。彼に寄り添う「教師」も「わたし」一人です。きわめて限られた人間関係の中で、エミールは育てられているのです。

でも、これはこれで「不自然」なことではないかとわたしは思います。

わたしたちは、前にも言ったように、近い年ごろの子たちとケンカをしたり、仲直りをしたりしながら人間関係を学んでいくものです。「だれにもけっして害をあたえない」という人間関係のルールは、そうした経験をとおして、本当に自分のものになるのです。

人間関係にトラブルはつきものです。だけどわたしたちは、結局、そんな他者たちと共に生きていくしかありません。

ならばどうすれば、お互いが「自由」であるために納得できるルールをつくり合えるか。

そんな経験をこの時期から積んでいくのは、本来、とても大事なことでしょう。

みんなの「自由」のためのルール

じつを言うと、『エミール』と同じ一七六二年に出版された『社会契約論』で、ルソーはこのことをとことんまで考え抜いています。

異なる他者が共に生きていくためには、どうしてもルールが必要です。

でもそれは、支配者が一方的につくったものであってはなりません。それだと、自由なのは支配者だけになって、大多数の人は自由が奪われてしまうことになるからです。

まさに、ルソーが生きた絶対王政の時代のフランスがそうでした。

そうではなく、対話をとおして、だれもができるだけ「自由」に生きられる社会のルール（法律）をつくり合おう。それこそが、来るべき民主主義社会の原理である。

ルソーはそう訴えました。

『社会契約論』の内容については、『エミール』においても、第五編でその概要が再論されています。ですのでくわしくは、その時にお話しすることにしたいと思います。

ここで改めて言いたいのは、ルソーは『社会契約論』で右のように論じているにもかかわらず、『エミール』には、少年エミールがそのような対話をとおしてルールやコミュニティをつくっていくシーンの描写がないということです。

これはルソーの、痛恨のミスと言えるのではないでしょうか。

せっかく、「理想の環境」の中で、「理想の教育」のあり方を考える、という方法を採用したのです。だったらルソーには、たとえこの世にはまだ存在しなかったとしても、子どもたちがお互いを認め合い、自分たちの自由のために共にルールをつくり合う、そんな機会を、エミールに与えてあげてほしかったとわたしは思います。

と同時に、繰り返しますが、そんな機会を、わたしたちはいますでに手に入れているのです。言うまでもなく、それが学校です。学校は本来、異なる他者が、お互いを認め合いながら、共に生きることを学ぶ場です。そのためのルールを、共につくり合う場です。

ルソーの先見の明をもってしても見とおせなかった、もっと「よい」教育の姿を、わたしたちはこれからもいっそう思い描いていかなければなりません。そしてわたしたちの手で、しっかりと実現していきたい。

わたしはそう考えています。

不幸の本質は「欲望と能力のギャップ」にある

さて、第二編の白眉は、なんと言ってもルソーの「幸福論」です。じっくり、味わっていけたらと思います。

まず、彼は次のように言います。

わたしたちの欲望と能力とのあいだの不均衡のうちにこそ、わたしたちの不幸がある。その能力が欲望とひとしい状態にある者は完全に幸福といえるだろう。(上・一三四頁)

わたし自身、これまで何度もさまざまな著作で引用してきた箇所です。

不幸の本質、それは欲望と能力のギャップにある。そうルソーは言うのです。

お金持ちになりたい、でもなれない。モテたい、でもモテない。あれもほしい、これもほしい、でも手に入らない……。

前にも言ったとおり、大都会は、わたしたちのさまざまな欲望を激しくかき立てるところです。

ルソーに言わせれば、それは文字どおり、不自然で、不必要で、人為的につくられた欲望です。わたしたちは、まるでその対象が手に入らなければ自分がダメ人間であるかのように、強制的に思わされてしまうのです。

でもこの度を超えた欲望にこそ、わたしたちの不幸の本質がある。そうルソーは言うのです。

ではどうすればいいか？　ルソーは言います。

それはただ、能力をこえた余分の欲望をなくし、力と意志とを完全にひとしい状態におくことにある。そうすることによってはじめて、いっさいの力は活動状態にあり、しかも心は平静にたもたれ、人は調和のとれた状態に自分をみいだすことができる。（上・一三五頁）

欲望と能力の調和。これが、いつでもわたしたちが意識しているべきことだ。そうルソーは言うのです。

このバランスが崩れた人は、一見、どれだけ強い人に見えても、じつは不幸で弱い人間です。

力を超えた欲望をもつものは象、ライオンでも、征服者、英雄でも、たとえ神であろうと、弱い存在だ。（上・一三七頁）

ところで、以前わたしは、オリンピックをめざす、あるいは出場するような学生たちが集う大学で、教職科目の授業をしていたことがありました。

そこで『エミール』について話をした時、何人もの学生が、授業の最後に反論しにやってきたのです。

「度を超した欲望を持つな」なんておかしい、自分たちは、いつも自分の限界を超えるべく努力しているんだ、と。

すばらしい反論だと思いました。その後、学生たちと長い時間話をしたのをよく覚えています。

ルソーも、彼らの意見を決して否定はしないでしょう。自分の限界を超えるべく努力するのは、まさに欲望と能力のギャップを埋め、両者を調和させて幸せをつかもうとする行為にほかならないからです。

もっと言えば、そのギャップを埋める努力ができ、またそのこと自体によろこびを感じられるなら、それはすでに幸福なこととさえ言っていいでしょう。

でも、もしもそれが、どうしても埋められないギャップだったら？　どれだけ努力しても、もはや埋められないギャップであることを否応なく自覚してしまったら？

わたしたちはどうしたって、不幸を感じずにはいられないでしょう。

そんな時、わたしたちはみずからの幸福のために、両者を調和させるよう意識する必要がある。少なくとも、そうすることができる。

だからルソーが言っているのは、夢を持つなとか、夢をあきらめろとかいうことではないのです。

もし、わたしがどうしようもない不幸を感じているのだとするならば、その理由は欲望と能力のギャップにあるのだから、どうすればこのギャップをなくして調和が得られるか、それを考えようということなのです。

人と比べている限り、永遠に満たされることはない

さらに重要なのはここからです。

繰り返し言ってきたように、わたしたちはこの社会の中で、「自然」な欲望ではなく、不自然で不必要な欲望を人為的に抱かされてしまいます。

とりわけ、幼いころから学力競争だの学歴競争だのに投げ込まれると、わたしたちの「自然」な欲望はひん曲がってしまいます。

どういうことでしょう?

まず、わたしたちにとって最も「自然」な欲望とは何かを考えてみましょう。

それは、自分を大切にしたいという欲望である。そうルソーは言います。彼はこれを「自己愛」と呼びます。

でも、過度の比較や競争の中に投げ込まれると、この自己愛がひん曲がってしまうとルソーは言うのです。

自分を大切にしたいという自己愛が、自分のほうが人よりすぐれていると思いたがる〝虚栄心〟や、じっさいにすぐれているんだと主張する〝傲慢さ〟や、それが叶わない時にやってくる〝嫉妬心〟などに、ねじ曲げられてしまうのです。

これらはたいてい、人為的な環境の中で生み出されるものだとルソーは言います。しかもあろうことか、大人の教育によって、と。

まことに奇妙なことに、子どもを教育しようと考えて以来、人は子どもを導いていくために、競争心、嫉妬心、羨望の念、虚栄心、貪欲、卑屈な恐怖心、といったようなものばかり道具につかおうと考えてきたのだが、そういう情念はいずれもこのうえなく危険なもので、たちまちに醗酵し、体ができあがらないうちにもう心を腐敗させることになる。子どもの頭のなかにつぎこもうとする先ばしった教訓の一つ一つはかれらの心の奥底に悪の種をうえつける。(上・一六六頁)

大人こそが、子どもの中に虚栄心や嫉妬心などを生み出させ、それを利用して教育しようとしてきた張本人なのです。

わが子を別の子と比較して、「〇〇ちゃんはあんなに勉強ができるのに、あなたはどうしてこんなこともできないの」と言う。「将来幸せになりたかったら、この受験戦争に勝ち抜きなさい」と言う。「あなたはよその子とはちがう、なぜならあの一流大学を出たこのわたしの子どもなんだから」と言う。

こうして子どもたちは、それまでのまっすぐな自己愛を、他者との比較をとおした虚栄心や嫉妬心へとつくり変えていってしまうのです。

これこそ、不幸の最大の温床にほかなりません。

たえず人と自分を比べ、虚栄心や嫉妬心にあふれた人生は、どれほど苦しいものでしょう。人と比べている限り、それは永遠に満たされることのないものです。どれだけお金持ちになっても、どれだけ権力を得ても、それが他者との比較の中にある限り、わたしたちは永遠に満たされることがないのです。

だから、そんなまやかしの欲望に心乱されるのはやめにしよう。自分にとって本当に自然で必要な欲望はいったい何なのか。それにじっくりと目を向けよう。そうやって、自分の自然な欲望を理解し、それと能力を調和させた時、わたしたちは幸福になれるのだ。

そうルソーは言うのです。

それはすなわち、「自由」であるということでもあります。「幸福」であるとは、すなわち「自由」であることだとルソーは言うのです。

前に引用したルソーの言葉を、その前段も加えてもう一度引用しておきましょう。

そこで、あらゆるよいもののなかで、いちばんよいものは権力ではなく、自由であるということになる。ほんとうに自由な人間は自分ができることだけを欲し、自分の気に入ったことをする。これがわたしの根本的な格率だ。ただこれを子どもに適用することが問題なのであって、教育の規則はすべてそこから導かれてくる。(上・一四五頁)

ほんとうに自由な人間は、自分ができることだけを欲し、自分の気に入ったことをする。まさに、自然な欲望を持ち、それと能力とが調和していると感じられること。それこそ自由であり、また幸福であるということなのです。

年を重ねるほどに、ルソーの言葉は胸に響きます。

わたし自身、十代のころからルソーを読み、三十代のころには、「不幸とは欲望と能力のギャップである」ということを、いくつもの著書に引用してきたにもかかわらず、彼の洞察をこれまで本当に自分のものにできていただろうかと思います。

過剰な欲望を、自然な欲望と勘違いして、それが満たされないことに苦しんではいなかっただろうか? それでも、能力を上げてそれらの欲望を満たすことができれば、幸せになれると思い込んではいなかっただろうか?

ルソーは、パリに住んでいたころから、パリを離れて自然の中で過ごすことを好んでいました。もしかしたら、自分の中に渦巻く欲望が、本当に自然で必要なものなのか、それとも不自然で不必要なものなのか、内省していたのかもしれません。

いまはわたしも、そんな内省の時間を好むようになりました。

これは本当に、わたしが自然に望んでいることなんだろうか？　こんな欲望に身をやつすことに、はたして本当に価値などあるのだろうか？

何が自然な欲望で、何が人為的な欲望か。それを完全に見きわめることは困難です。

でも、そうやって自分に問えば、何かきっと見えてくるものがあるはずです。

エピクロス主義

以上のようなルソーの思想には、じつは何人もの先達がいます。

たとえば、古代ギリシアの哲学者、エピクロス。

〝エピクロス主義〟は、一般に〝快楽主義〟を指す言葉とされており、いまなお、美食や性的快楽をむさぼることと誤解されているところがあります。どうやら彼の論敵たちが、そうした解釈を言いふらして回ったようです。

でもエピクロスが言ったのは、むしろそれとは正反対のこと。

過剰な欲望を持たず、苦しみを最小限にすること。それがエピクロスの言う〝快楽〟なのです。

散逸した彼の言葉を集めた『教説と手紙』で、エピクロスは次のように言っています。

欲望のうち、或るものは自然的でかつ〈必須であり、或るものは自然的だが〉必須ではなく、他のものは自然的でも必須でもなくて、むなしい臆見によって生まれたものである。（出隆・岩崎允胤訳『エピクロス――教説と手紙』岩波文庫、一九五九年、八二頁）

一つめの「自然で必須な欲望」は、たとえば質素な食べ物や、渇きをいやす飲み物を求めること。

でもこれが、贅沢な食べ物や飲み物への欲望になると、二つめの「自然だが必須ではない欲望」だとされます。

そして三つめの「自然でも必須でもない欲望」には、たとえば大金持ちになる欲望とか、人を思いのままに支配する欲望などがあげられます。

この三つめの「むなしい欲望」は、追い求めればきりがないものです。そして多くの場合、やっぱりわたしたちを苦しめます。どれだけ求めても、上には上がいる。だからいつまでたっても、満足することはないのです。

これについては、バートランド・ラッセルという二十世紀の数学者・哲学者の『幸福論』にも、次のような印象深い言葉があります。

もしも、あなたが栄光を望むなら、あなたはナポレオンをうらやむかもしれない。しかし、ナポレオンはカエサルをねたみ、カエサルはアレクサンダーをねたみ、アレクサンダーはたぶん、実在しなかったヘラクレスをねたんだことだろう。（安藤貞雄訳『ラッセル幸福論』岩波文庫、一九九一年、九七頁）

だから、不必要で不自然な欲望にさいなまれることなく、みずからであることに満足して生きよう。そうエピクロスやラッセルらは言うのです(5)。

以上のように、過剰な欲望に囚われるな、という人類の知恵は、洋の東西を問わずさんざん論じられてきたことです。ルソーは、これら古代からの人類の知恵を、過剰な欲望渦巻く近代社会において、改めて論じ直したのだと言ってもいいでしょう。

競争の弊害

少し余談ではありますが、ルソーが言う比較や競争の弊害については、今日では心理学等の研究が、さまざまな角度から実証しています。

たとえば、今日、多くの人が、競争は参加者全体のパフォーマンスを向上させると考えているのではないかと思います。

でもさまざまな研究によって、むしろ競争は、全体のパフォーマンスを下げる場合が多いことが明らかにされているのです。学力、ビジネス、芸術、さらにはスポーツにおいてさえ。(6)

というのも、無理やり競争の中に投げ込まれると、わたしたちの多くはまず不安や焦りを抱えてしまうからです。不安は、わたしたちが自身の力を最大限発揮することを妨げます。

それから、競争の中にいると、競争に勝つこと、あるいは負けないことが目的になって、学びだったら学びそれ自体を楽しんだり没頭したりすることができなくなる傾向があります。学びが、競争に勝つためのただの手段になってしまうのです。

また、大多数の人が競争に勝ち続けることなんてできませんから、多くの人は自己効力感をひどく傷つけられてしまうことになるでしょう。

さらに、競争の中にいると、人を蹴落としてやろうという気持ちが芽生えますから、お互いに協力するのではなく、足を引っ張り合おうとする傾向が生じます。もし協力し合っていたら、どちらももっとパフォーマンスが向上したかもしれないのに。

そんなわけで、今日、競争は、全体のパフォーマンスを上げるのではなく、下げる場合が多いことがわかっています。

ただし、例外もあります。

たとえば、今日の資本主義は、そのよしあしは別として、また個々人がどうかは別として、全体としては競争によって成長してきたことはまちがいありません。

他社よりよい商品をつくろう、よいサービスをつくろう。そうした思いが、さまざまな技術革新を実現させてきた面はまちがいなくあります。

むろん、一人ひとりに目を向けた場合、それが本当に幸福につながってきたかどうかは、また別に考えなければならない問題です。

物質的な豊かさについて、わたしたちは、飢えの恐怖や苦しみにたえず見舞われていた、これまでの人類には想像もできないレベルで手に入れることができるようになりました。その意味では、わたしたちはまちがいなく幸福です。

でも、まさにルソーが言ったような、虚栄心や嫉妬心などを理由とした、精神的な不幸については、まだまだこれからの課題と言うべきではないかと思います。

だからいまこそ、『エミール』の知恵が生きてくる。そう言えるのではないかとも思います。

もう一つ、トップ層においては、競争が有効でありうることが明らかにされています。トップ層の人たちは、その切磋琢磨によって、よりパフォーマンスを上げることができる傾向があるのです。

また、みずからが望んだ競争の場合、競争は一定程度有効であるとも言えます。その意味では、トップ層にとって競争が有効なのは、まさにみずから望んだ競争だからという面もあるでしょう。

と、そう考えると、ルソー自身はあまり言わなかったことですが、競争は、それ自体がよろしくないというわけでは必ずしもないのです。もしもそれが、虚栄心や過度の嫉妬心を抱かせるようなものではなく、純粋に楽しいものであるならば。また、そのことで、自分の成長を感じることができるなら。

ただし、それが望まない競争になっていないかどうか、わたしたちはつねに意識しておかなければなりません。どれだけトップ層の力がある人であっても、望まない競争の中にいれば、いつかは疲弊してしまうでしょう。永遠に勝ち続けられる人などほとんどいませんから、どこかの時点で、苦しみの中、ドロップアウトしてしまうこともあるでしょう。

宿命論的人生観

以上、競争の弊害やエピクロス主義などのお話をしてきましたが、読者の中には、「そんなこと、言われなくても十分わかってるよ」と思った方も、少なくないかもしれません。

わかっているどころか、自分は立派なエピクロス主義者である。そう思われた方も、いらっしゃるかもしれません。

そうなのです。じつは、現代の日本人、特に若者世代は、多くがエピクロス主義とでも言うべき生活態度を内面化しているらしいことが、さまざまな調査でわかっているのです。

先ほど、オリンピックをめざすような学生たちが、自分たちは能力の限界を超えて成長できるよう努力しているんだと語ってくれた話をしました。

でもその一方で、近年、彼らのようなマインドとはある意味で真逆の若者たちの事例も、多数見聞きするようになりました。むしろ現代の若者世代は、大きな傾向としては、自分にも人生にも社会にも、そもそも大きな期待をかけていないことが、いくつもの調査をとおして明らかにされているのです。

人はよりよい未来に向けて努力するべきだとか、努力は報われるとかいったかつての価値観は、いまかなり薄れています。むしろ、人は生まれ持った能力や家庭環境など、いかんともしがたい要因によって規定されているのだという価値観が、急速に広がっていると言われています。だから、努力は尊いことかもしれないが、自分たちはそれすらできない星のもとに生まれているのだ。そう考えて、最初から人生に期待をかけない若者が増えているというのです。社会学者の土井隆義さんは、これを「宿命論的人生観」と呼んでいます(7)。

その一方で、土井さんも指摘しているとおり、若者の生活満足度は、不思議なことに二〇〇〇年代に入ってから上昇傾向にあります。二〇一八年に内閣府が実施した「国民生活に関する世論調査」では、現在の生活に「満足している」「まあ満足している」と答えた十八歳から二十九歳までの若者は、八十三・二%にもおよびました(ただしその後は、おそらく新型コロナウィルス感染症の影響で、六十%台まで落ち込んでいます）。

この二十年あまり、とりわけ格差の拡大が社会問題とされてきたにもかかわらず、生活満足度はむしろこの時期に上昇しているのです。

それはいったい、なぜなのでしょう？

土井さんは、やはり「宿命論的人生観」が大きな理由になっていると指摘しています。多くの若者は、種々の「宿命」を受け入れ、したがって自分にも社会にもそもそも大きな期待を抱いていないというのです。だからその低い期待値のゆえに、人生にもそれなりに満足しているというのです。

ある意味では、これはルソーの思想を、多くの若者が知らず知らずのうちに実践しているということなのかもしれません。度を越した欲望や期待を持たないことで、生活の満足を得る。まさに、欲望と能力の調和が取れた生き方が実践されているのです。

ただ、これはそう楽観してばかりはいられない問題なのではないかとわたしは思います。

一つには、土井さんもおっしゃるとおり、この宿命論的人生観が、じつは〝認識論的誤謬〟に陥っている面があるからです。

それはつまり、知らず知らずのうちにそう思い込まされてしまっているということです。

たしかに、遺伝の影響には大きいものがあります。近年の宿命論的人生観の背景には、遺伝学のめざましい進歩――ただしその俗流解釈――もあるのかもしれません。

でも同時に、その遺伝学の観点から言っても、わたしたちを取り巻く環境の影響は、結局のところやはり非常に大きいのです。

本来であれば、わたしたちは、ではどんな社会環境をつくっていくべきかと考える必要があるはずです。すべての子ども、またすべての人の「自由」に寄与する、教育をはじめとした社会のあり方を、わたしたちはどのようにデザインしていけるだろうか。そう考える必要があるはずです。

でも、もしわたしたちの多くが宿命論的人生観を強固に持ってしまったとしたら、そのような努力への意志は失われてしまうことになるでしょう。いま現にある社会の問題からも、目を背けてしまうことになるでしょう。

宿命論的人生観は、欲望と能力のギャップに苦しまないための、たしかに一つの方略だと思います。でもそれをあまりに持ちすぎると、さまざまな社会の問題、とりわけ格差や不平等などの問題を、いっそう悪化させてしまうかもしれないのです。

宿命論的人生観には、もう一つ問題があります。
なぜ多くの若者――若者世代を過度に一般化して論じるのは誤りですので、これはあくまでも傾向性の話です――が生活にある程度満足していると答えるかと言うと、その背景には、ごく限られた人間関係の中で生きているという理由があるようなのです。

先述の土井さんも引用している青少年研究会の調査によると、友だちと知り合ったきっかけとして、学外での出会いをあげた十代の若者は年々減少しているそうです。意外にも、インターネットで知り合った友人もそう多くはありません。SNS等で関わりを持つ場合も、同質性の高い、同じような価値観を持つ人たちがつながりやすいことはよく知られています。

エマニュエル・トッドという人類学者は、先進国はいま、ミルフィーユのように社会の階層が細かく分化してしまい、異なる層との交流がほとんど起こらない状態になっていると指摘しています(8)。中卒、高卒、大卒、さらにはどの大学を卒業したかなどによって、つき合う人のタイプがまるで変わってくるというのです。

つまり現代のわたしたちは、異なる他者とあまり交流せず、できるだけ同質性の高い仲間内で固まることで、ルサンチマンや虚栄心などをできるだけ抱かずに生きていくことを可能にしている面があるようなのです。

分断される社会とその問題

でも、それで本当によいのでしょうか?

まず社会的な側面から言って、これはきわめて大きな問題です。

分断された社会は、民主主義の危機を意味するからです。

民主主義とは、多様で異質な人たちが、お互いを認め合い、対話をとおして、自分たちの社会を共につくり合うことで成立するものです。その意志と約束の共有が、民主主義の根底を支えています。

でも、もし社会がさまざまな層に分断されて、相互の承認も交流も対話もなくなってしまったら、わたしたちはこの社会を共につくることができなくなってしまいます。

だから、分断された社会の中で、宿命論的人生観を抱きながら生きることは、わたしたちが自由に生きるための、社会的土台を破壊してしまうことになりかねないのです。それは大げさでなく、民主主義の危機を招来します。

ではこの問題をどうするか、ということについては、わたし自身、教育の文脈でさまざまなアイデアを出してきました。本題から逸れるためくわしくは書きませんが、学校を、幼・保・小・中・高・大・地域の人たちなど、さまざまな世代や文化、障がいのあるなし等も関係なく、ごちゃまぜになって学び合う「多様性がごちゃまぜのラーニングセンター」にしていくアイデアや、子どもたちが、地域の人たちと共にさまざまな「探究」活動をしていくことを、カリキュラムの中核にしていくアイデアなどです(9)。

以上は社会的な観点から見た問題ですが、より個人的な観点から見ても、宿命論的人生観の問題は深刻と言えるかもしれません。

高い同質性の中で、宿命論的人生観を持ちながら生きることは、時に危うい綱渡りになってしまう可能性があるからです。

結局のところ、わたしたちは自分たちの生きる世界の〝外部〟を知ってしまっているのです。だからうっかりその〝外部〟と接点を持ってしまったら、あの嫉妬心や虚栄心、攻撃的なルサンチマンは、否応なくかき立てられることになるかもしれません。

それればかりではありません。同質性の高い人間関係の中で安心を得ようとすれば、どうしても、その同質性にいくらか自分を合わせながら生きなければなりません。〝仲間〟の目を、必要以上に気にしなければならなくなるかもしれません。要するに、いつも〝空気〟を読んでいなければばならなくなるのです。

それは、わたしたちがどうふるまうことが正しいのか、何をどう考え、どう発言することが正しいのかという一挙手一投足の基準が、〝空気〟に支配されてしまうということです。

その空気に、うまく乗れれば、ある程度の満足と安心は得られるかもしれません。

でも、空気は文字どおり、目に見えないものです。いつ、何が、その気流を変えてしまうかわかりません。

そう考えると、わたしたちの多くは、いま、危うい綱渡りをしながら、生活の満足度をなんとか保っている状態なのかもしれません。もしそうだとすれば、そのような生き方を、わたしたちはいつか見直す必要にせまられるかもしれません。

何より子どもたちには、やっぱり、過剰な欲望に苦しむことなく、かと言って、宿命論的人生観を抱きすぎることもなく、幸せに生きていってほしいものです。たとえどんな環境で生きようとも、自分であることを失わず、自由に生きてもらいたいものです。

じゃあそのための教育は、いったいどうあるべきなのか？

改めて、そのことを考えたいと思います。

以下に見ていくルソーの知恵は、こうした現代の問題を考える際にも、きっと大いに役立つはずです。

「よく規制された自由」を

比較や競争で嫉妬心をあおったりすることなく、かと言って、同質性の高い集団の中で安心を得ようと危うい綱渡りをするのでもなく、どうすれば子どもたちは、自由に、そして幸福に生きていくための力を得ることができるでしょうか？　そのような「環境」を、わたしたちはどのようなものとしてつくっていけばよいのでしょうか？

これに対するルソーの答えは、今日においてもきわめて有効です。

ルソーは言います。

人はあらゆる手段をもちいるが、ただ一つだけはもちいない。しかもこれだけが成功に導

くものなのだ。それはよく規制された自由だ。（上・一六七頁）

よく規制された自由。見事な洞察だと思います。

「自由」に生きるための教育。これがルソーの言う教育の目的でした。

では、わたしたちはどうすれば「自由」になれるのでしょうか。

それは、みずからの「自由」を行使する経験を通して、です。

あれするな、これするな、あれしなさい、これしなさい、という命令の下、自由を行使する経験をせずに育つと、子どもたちは、指示されなければ何もできなくなってしまうかもしれません。そしてやがては、自分が何をしたいのかさえ、わからなくなってしまうでしょう。

自由に生きることから、それは最も遠く離れたことです。

欲望と能力の調和が取れていることが、わたしたちが幸せに生きるための条件でした。

ということはつまり、みずからがどう生きることを願うのかという、その欲望について、ちゃんと自覚的である必要があるということです。

それは、空気を読んで生きることとも、まったく別の生き方です。

わたしはこう欲する。こう願う。その自覚と、それに向かう意志は、同質性が生み出す空気など、ほとんど気にかけない生き方をわたしたちにもたらすはずです。

幼いころから、自分が何を欲し、何を願い、そのためにどのような努力をするかを考え行動する習慣を持った子どもたちは、きっと、ただ空気に流されるような人生を送ることはないでしょう。

そのためにも、子どもたちには、さまざまなことを自分で選び、自分で決定するという、みずからの自由を行使する経験が保障されなければなりません。そのことで、自分が何をすることが好きなのか、そのためにはどんな努力をすればいいのかといったことを、みずから考えるようになるのです。

むろん、それはやりたい放題を許す自由ではありません。何度も言ってきたように、まずは「だれにもけっして害をあたえない」こと。これが守られなければなりません。

「よく規制された自由」とは、何よりもまずこのことを意味します。それは逆に言えば、自分がだれからも危害を加えられることなく、みずからの関心を心ゆくまで追求することができる環境とも言えるでしょう。

「よく規制された自由」は、このあともルソーの教育論の一つの土台になるものです。嫉妬心や虚栄心を抱かせてしまう教育とも、同質性の中で危うい安心感を得ようとする人を育てるのともちがう。真に「自由」な人間を育てるための教育のあり方として、いまなお原理的な考えと言えるのではないかと思います。

言葉をつめ込むな

さて、学童期になれば、いわゆる〝お勉強〟がはじまるものです。

でもルソーは言います。この時期に、むやみに言葉や記号をつめ込んではならないと。

どんな勉強においても、表現される事物についての観念がなければ、表現する記号にはなんの意味もない。しかも人はいつも子どもにそういう記号だけを教え、それが表現する事物をけっして理解させることができない。子どもに大地の景観について教えようと考えながら、人は地図を見ることを教えているにすぎない。(上・二一七頁)

小学校四年生くらいになると、突然、勉強の抽象度が上がってきます。その結果、自分がいったい何を学んでいるのか、よく理解できない子どもが増えてきます。

かけ算や割り算の筆算も、たとえ教わったとおりにできたとしても、なぜこのやり方でやっているのかよくわからない(特に割り算は、多くの子どもが理解に苦しむと言われています)。立方メートルとか、ヘクタールとか、いろんな記号を習ったけど、それが具体的にどれくらいの大きさなのか、よくわからない。

要するに、表面的な知識はなんとなく持てたとしても、それがじっさいには何なのかということが、経験的に、体感として、自分のものになっていないのです。

そんな勉強がずっと続いたら、悲劇です。

算数や数学の解き方や公式だけひたすら暗記して、テストの時に、その公式を、本当にこのあてはめ方でいいのかさえよくわからないまま、無理やりあてはめて解いていた——しかも、結局不正解で落胆していた——なんて人は多いと思います。

それが、あらゆる教科で、小学校時代から何年も続いたとしたらどうでしょう。

やっぱり、悲劇です。そしてそれは、じっさいに多くの子どもたちに起こっていることなのです。


さまざまな知識を、本当に自分のものにするためには、心理学で言うところの「スキーマ」を必要とします。諸々の知識をちゃんと理解するための、背景的な経験や知識のことです。

たとえば、鉄の塊が水に沈むことは、四歳児でも経験的にわかります。

でも、これをどんどん小さくして、砂粒くらいにまでしたらどうでしょう?

重さも体積もなくなってしまう。そう思っている子どもが、十二歳になってもかなりの数いるそうです(10)。重さを感じないくらいに小さくしていけば、水に沈むことはない。多くの子どもは、そう推論するのです。

じっさいには、同じ種類のものは体積に関係なく同じ密度ですから、当然、鉄の粒は水に沈みます。でもそのことが、子どもには体感的に理解できない。その「スキーマ」が獲得されていないのです。

とすれば、体感するほかありません。体感的に「スキーマ」を獲得するほかありません。どれだけ、「同じ種類のものは体積に関係なく同じ密度である」なんて言葉で言ったところで、この時期の子どもには理解するのがむずかしいのです。


そこでルソーは言います。

「実例！　実例！」

これこそが、子どもの教育における大原則なのだ、と。

現代ではあたりまえのように思える主張ですが、しかしいまもなお、それがどこまで意識されているかは疑わしいところです。

子どもたちの「スキーマ」がまだ十分に整っていない段階で、わたしたちは、子どもの理解を超えた記号をその頭につめ込んでしまってはいないでしょうか。それは、子どもの頭を混乱させ、ただ勉強嫌いにしてしまうだけでしょう。

ここにも、大人がよかれと思ってやっている教育の弊害があります。たくさんの記号や言葉をつめ込めば賢くなるにちがいないと思って、かえって学ぶことを嫌いにさせてしまっているのです。

遊ぶように学ぶ

このルソーの指摘を受けて、彼の実践的後継者とも言うべきペスタロッチが、いわゆる実物教授、直観教授法というものを開発しました。

まさに、「実例」を使って、子どもたちが経験的に学んでいくための教育法です。現代では、さらに研究や実践は発展し、ルソー＝ペスタロッチ的な実物教授の方法はより精緻になりました。

ただ、教育の方法がどれだけ技術的に発展しても、次のルソーの洞察が理解されていなければ、なんの意味もないだろうとわたしは思います。

とりわけこの時期の子どもたちにとって、学びは〝遊び〟でなければならない。そうルソーは言うのです。

いつも考えていなければならないことは、そういうことはすべて遊戯にすぎないこと、あるいはそうでなければならないこと、自然が子どもにもとめる運動のとりやすい、おのずからなる方向であること、子どもの遊びをいっそう楽しいものとするためにそれに変化をあたえる技術であって、すこしでもそれを強制してつらい仕事に変えるようなことになってはならないということだ。(上・三二四頁)

前に、伊那小学校の子どもたちは、まるで遊ぶように学んでいると言いました。

結局、大事なのはそういうことなのです。

算数のこの単元を、どうすれば子どもたちに経験的に理解してもらえるかな。

多くの先生は、そんなふうに考えて、まさにさまざまな「実物」を用意して授業を進めます。

それはむろん、とても大事なことです。

でも、もっと根本から考えれば、いつ、何を、どのように学ぶかをつねに先生のほうで決めてしまっては、「遊ぶように学ぶ」ことは困難です。遊びとは、そのすべてを自分で決定してするものだからです。

子どもたちが、夢中になって、ヤギやウズラを飼育する。石窯で天然酵母のパンを焼く。いつ、何を、どのように進めていくか、先生や専門家の力を借りつつ、自分たちで決めながら。

改めて、このような学びにこそ、この時期の子どもたちにとっての本質的な学びの姿があると言えるでしょう。

そこに本当の動機はあるか

要するに、それを子どもが本当に願っているかどうか。その動機があるか。それが何より重要なのです。

これは読み書きにさえ言えることです。

ひらがなやカタカナ、漢字などを、一方的に教えられても苦痛なだけです。漢字の書き取りの宿題を、本当に嫌そうに、めんどくさそうにやっている子どもたちの姿を、多くの親は見たことがあるでしょう。自分自身そうだった、という人もたくさんいるはずです。

でも動機があれば、すべてが変わってきます。

そこでルソーは、エミールにさまざまなお手紙が送られてくることを想定します。

エミールはときどき、父親、母親、親戚、友だちなどから、昼食会や遠足や舟遊びやお祭り見物などへの招待状をうけとる。そういう手紙の文面は簡単明瞭で、よくわかるように書かれている。〔中略〕ああ、自分で読むことができたなら！（上・一三九頁）

ここでご紹介したいのが、サドベリーバレースクールという、アメリカにあるきわめて自由な学校です。日本にも、現在、サドベリーの名を冠した学校がいくつかあります。

この学校は、強制的な勉強は一切させない、という点において徹底しています。なんと、読み書き算でさえ。

子どもたちは、学びたくなった時に、教師と契約をして授業をしてもらいます。みずから本気で「学びたい」と思って学びはじめた子どもたちは、通常は小学校の六年間をかけて学ぶ算数を、なんと数カ月、のべ数十時間程度で終えてしまうこともしばしばです。何か特別な才能を持った子どもたちではありません。ごく一般的な子どもたちの話です。

ちなみにこれは、教育学のさまざまな研究から言っても、ごく自然なことです。

多くの学校では、決められた時間割どおりに勉強が進められていますが、前にも言ったように、これは一人ひとりの学びの観点からは、きわめて効率の悪いシステムなのです。

勉強に集中できない時に集中しろと言われ、算数に集中したい時に、いまは国語の時間ですと言われる。これでは、自分に最も不都合なやり方で勉強しろと言われているようなものです。

さて、サドベリーでは、読み書きも強制的には勉強させませんから、九歳になっても読み書きができない子どももたくさんいるそうです。

でも、そのまま読み書きができずに大人になる子はいません。

どこかのタイミングで、必ず「読み書きができるようになりたい！」という思いがやってくるからです。

それは、興味のある絵本を読みたいと思った時かもしれません。それこそ、友だちとお手紙のやり取りをするようになった時かもしれません。

一度「読めるようになりたい！」と思って学びはじめた子は、あっという間に、ほかの子に追いつき、そのまま追い越していくことさえあります。

動機。これこそ、文字どおり学びの最大のドライバーなのです。

ただ、ちょっと余談ですが、日本語の場合は、少し事情がちがうところもあるかもしれません。

漢字の書き取りは、自然にマスターするのがちょっとむずかしいところがあるように思われるからです。何度も書いて、書いて、書いて、覚える。そういった作業が、多くの場合どうしても必要です（見て覚えるほうが得意という子もいます）。むろん、だからこそ、子どもたち自身の動機はいっそう重要になってくるのですが（さらに余談になりますが、パソコンやタブレットやスマホが主流の現代において、どれだけ漢字の書き取りが必要かというのは、また別途議論が必要なところかとも思います）。

学校では「お手紙禁止」？

手紙をとおして字を学ぶ、ということについて、ここでもうちょっと言っておきたいことがあります。

いま、少なくない小学校で「お手紙禁止」のルールが設けられているのです。友だちの悪口を書いて、問題になるケースがあるからです。同じ理由で、交換日記が禁止されている場合もあります。

このこと、読者のみなさんはどう考えられるでしょうか？

わたしが考えたいのは、以下の三点です。

まず、お手紙を本気で禁止したい先生なんて、本当は一人もいないとわたしは信じています。エミールの例を見るまでもなく、お手紙を書きたい、読みたい、だから文字を覚えたい、綺麗な字が書けるようになりたい、といった思いが、子どもたちの学びの最大のドライバーになることに、思いを寄せない先生がいるはずがありません。

でも、トラブルは回避したい。ただでさえ忙しい学校現場です。トラブルは極力避けたいのが本音です。

ただ、ここで改めて考えてみたいのです。これが二点目です。

それはやっぱり、子どもたちを無菌室に閉じ込める行為ではないだろうか、と。

トラブルが起こらないよう起こらないよう、ケンカが起こらないよう起こらないよう、多くの学校では細心の注意が払われています。そして、もしトラブルが起こったら、即座に先生が介入して、できるだけ早くその芽を摘み取る。ケンカが起これば、すぐに引き離し、お互いをあやまらせて、一件落着をはかる。

でも、それはまさに、子どもたちがみずから問題を解決する力を、大人が奪ってしまう行為なのではないでしょうか。

「ニックネーム禁止」のルールも、いまや本当にたくさんの学校に浸透しています。これまた、変なあだ名によっていじめが起こるのを未然に防ぐためです。

でも、本当にそれでいいのでしょうか？

わたしたちはむしろ、嫌なあだ名をつけられたら「嫌だ」と言える子どもたちを育てる必要があるのではないでしょうか。そして、「嫌だ」と言われたら、自分をふり返り、悪かったなとみずから思ってやり直せる、そんな子どもを育む必要があるのではないでしょうか。

学校が、子どもたちに何のトラブルもケンカも経験させないというのは、本来、教育から最も離れたことです。

子どもたちは、失敗やトラブルから学ぶのです。これは教育の基本中の基本です。

対話の文化・仕組みをつくる

いや、それはわかるんだけど……と、思われた先生もいらっしゃることと思います。

たしかにその通りなんだけど、保護者からのクレームだってあるし、第一、現場にはそんな余裕がないんです。

本当に、おっしゃる通りです。そこで、考えたいことの三点目です。

だからこそ、学校に「対話の文化」「対話の仕組み」をつくっていこう。わたしはそう言って、これまで多くの学校や自治体でその取り組みを続けてきました。

日々、わたしは多くの学校や教育委員会などに出かけて、先生方や子どもたちと、学校づくりなどをご一緒しています。

その経験の中で、いま強い確信になっていることがあります。

ああ、これはいい学校だな、と思う学校には、例外なく「対話の文化・仕組み」があるのです。

対話の文化がなければ、多くの場合、先生同士の教育観や子ども観、授業観はバラバラのままです。だから好き嫌いが先に出て、あの先生の授業はどうのという陰口なんかが横行してしまいやすい。

声の大きな人の意見が通りやすいというのも問題です。学校が非民主的な場所になってしまうのです。そして、自縄自縛の空気感ができあがってしまいます。

お手紙禁止なんてやめませんか？　そういったことが、言えなくなってしまうのです。そしてそのうち、自分もだんだんと、それがあたりまえのことのように思えてくる。

だから、学校に対話の文化・仕組みをしっかりつくろう。そして、そもそもわたしたちが教育において一番大事にすべきことは何なのかを、改めて問い合おう。

それは、ニックネームを禁止して、無菌室をつくることでしょうか？　お手紙を禁止して、子どもたちの「書きたい！」という気持ちを抑えつけてしまうことでしょうか？

ルソーが言ったように、教育の目的は「自由」な子どもたちを育てることのはず。そしてまた、お互いを尊重し合える子どもたちを育てることのはず。

先生同士で対話を重ねれば、そのことはきっと合意されるはずです。そしてそうすれば、じゃあわたしたちの学校は、本来、何をすべきで、何をすべきでないか、ということも、見えてくるはずなのです。

いやいや、そもそもそんな対話の時間なんてないんです、という話はよく聞きます。いったいどうやってそんな仕組みをつくればいいでしょうか、ともよく聞かれます。

本題から離れすぎてしまうので、これらについては、工藤勇一さんとの共著『子どもたちに民主主義を教えよう――対立から合意を導く力を育む』(あさま社)と、リヒテルズ直子さんとの共著『公教育で社会をつくる――ほんとうの対話、ほんとうの自由』(日本評論社)にゆずります。ご興味のある方に、ぜひお読みいただければうれしく思います。

ただ、一点だけ、本書に関連づけて少しお願いしてみたいのは、学校でそのような対話の機会を持てるとするなら、先生同士、あるいはできれば保護者も招いて、右に紹介した本や、また本書の読書会なんかを、ぜひやってみていただきたいということです。

先生と保護者の対話の会を、わたしはこれまでに何度か企画したり、お招きいただいたことがあります。

そんな中で、わたしはこれまで、「お手紙禁止」を切望している保護者になんて出会ったことがありません。トラブルを心配する親はいたとしても、じっくり対話を重ねれば、教育の本質的な部分ではきっと合意ができます。

子どもは、ケンカもするし、ケガもするし、トラブルも起こすもの。でも、それらの経験からこそ学ぶのです。学校としては、絶対に命に関わるようなことはないよう十二分に注意します。でも、さまざまなトラブルから学ぶ機会を、奪うようなことはしたくない。無菌室の中で、子どもを育てるようなことはしたくない。

こうした対話を重ねた時に、これに真っ向から反対する人に、わたしは出会ったことがありません。

むろん、じゃあじっさいにどうするか、ということについて、細かい点で意見のちがいが出ることはあるでしょう。

でも、一番根本的なところで合意さえできていれば、きっと建設的な対話ができるはずです。その対話の一つの材料に、本書を活用していただければ、わたしとしてはこんなにうれしいことはありません。

それはきっと、先生同士、また保護者との間で、本質的な教育観や子ども観を共有する機会になるはずです。

できれば『エミール』本体をみんなで読めればいいのですが、それがちょっと大変であれば、まずは本書を代用していただければ、なんて思ったりしています。

のんびりした時間を大切にしよう

閑話休題。

本章の最後に、ルソーの印象的な言葉をいくつかご紹介したいと思います。

わたしたちは、子どもが何もせずにのんびり過ごしているのを見ると、ついつい心配になってしまうものです。勉強させなきゃ、習い事をさせなきゃ。そんなふうに思ってしまうものです。

それに対して、ルソーは言います。

子どもがなんにもしないで幼い時代をむだにすごしているのを見て、あなたがたは心配している。とんでもない。しあわせに暮らしているのがなんの意味もないことだろうか。一日じゅう、飛んだり跳ねたり、遊んだり、走りまわったりしているのが、なんの意味もないことだろうか。一生のうちでこんなに充実した時はまたとあるまい。(上・二一〇頁)

そして続けます。

だから、いわゆる無為な生活をそんなに恐れることはない。全面的に人生を活用するためにけっして眠ろうとしない人、そんな人がいたら、あなたがたはなんと言うか。あなたがたはこう言うにちがいない。この男は非常識な男だ。時を楽しむことを知らない。自分から時を捨てているのだ。眠ろうともしないで、死をもとめているのだ、と。そこで、いまのばあいも同じだということ、子ども時代は理性の眠りの時期だということを考えるがいい。（上・二一一頁）

子ども時代は、理性の眠りの時期。

とてもすてきな言葉だと思います。

やがて理性が目覚めたら、子どもたちはいろんなことを考えるようになります。そして、体だけでなく、知能や精神も一気に成長していきます。

でもそれは、その時が来てからのこと。

理性の眠りの時期には、ただめいっぱい、子どもたちが五感を働かせながらいまを楽しむことを大切にするがいい。そうルソーは言うのです。

それでも親は、勉強させたくなってしまうかもしれません。

そんな時は、この時期に大事なことが、言葉や記号で頭を埋め尽くすのではなく、遊ぶように学ぶことを通して、「学ぶって楽しい！」と思える環境を整えることだと思い出すといいでしょう。

あれをさせなきゃ、これをさせなきゃ、の前に、まずは子どもをよく見よう。何が好きで、何が苦手で、何に夢中になっているか。そうしたことを、よく見よう。

そうすれば、わたしたちは、その子の「自然」な成長を、そっと後押しすることができるはずです。

子どもを見る目を鍛えよう

第二編の最後に、ルソーはこんなことを言います。

この初期の教育の大きな不都合は、それが聡明な人にしかわからないということ、そしてこれほどの苦労をして育てた子どもも、凡俗な人の目には腕白小僧としか映らないということだ。(上・三六三頁)

わたしたちの、〝子どもを見る目〟が問われています。

人は、教育の成果を、何を覚えたかとか、知識が豊富にあるかとか、そういった目に見えるわかりやすい指標で判断してしまいがちです。お行儀よくしているか、言いつけを守れるか。そんなことで、子どもの成長を判断しようとしてしまいます。

だから教師も、そうしたわかりやすい成果を誇りたくなってしまう。

でも、そうじゃないのです。

それが本当に、子どもの「自然」な成長に沿っているかどうか。見るべきはその点なのです。

ルソーの思想は、現代の多くの保育園や幼稚園、こども園などで、じっさいに実践されています。

子どもたちが夢中になって遊ぶことを、多くの園では大事にしています。それがこの時期の子どもの「自然」な姿だからです。

でも、そのようなことを大切にする園から小学校に上がった子どもたちが、小学校の先生からあまり好ましく思われないなんてことがしばしばあります。「あの園を出た子は落ち着きがない」と。

でも、本当にそうなのか、わたしたちは改めてふり返る必要があるでしょう。この時期の子どもたちが、黙って、座って、先生の話をおとなしく聞くということを、四六時中やらされることのほうが、じつは「不自然」なんじゃないか。そう考えてみる必要があるでしょう。「自然」な成長をしてきた子どもたちは、「凡俗な人の目には腕白小僧としか映らない」。

ルソーの言葉を、真剣に受け止めたいと思います。

第4章　「自己愛」をねじ曲げない

第三編で論じられるのは、十二、三歳から十五歳くらい、つまりいまの中学生くらいの子どもの教育です。

これまでの教育で大事にされてきたのは、子どもが体験や感覚をとおして、遊ぶように学んでいくことでした。

それがこの時期になると、子どもは知的なことへの興味がぐっと深まります。むろん、それまでの教育によって、学ぶことへの嫌悪感が生み出されていなければ。

しかしだからと言って、この時期においても、言葉や記号をただ頭につめ込んでいいわけではありません。この時期は、芽生えはじめた学問への興味を、「学問を愛する趣味」へと育てていく時期なのです。

「それはなんの役に立つのですか?」

そこで重要になる言葉、それが、「それはなんの役に立つのですか」という言葉である、とルソーは言います。

だれもが、学校の先生に一度は聞きたくなった、あるいはじっさいに聞いたことのある言葉でしょう。

「それはなんの役に立つのですか？」

こう子どもに聞かれた時に、わたしたちは子どもが納得する答えをちゃんと返せるでしょうか？

いつか必要になるからとか、受験のためとか、そういう答えは、子どもにとっては意味がありません。子どもが聞きたいのは、自分の実生活に、具体的にどう役に立つかということだからです。

いつか必要になる？　ならなかったらどうしてくれる？

受験のため？　で、そのために勉強したものは、つまりじっさい、どういう時にどんなふうに役に立つの？

もし、子どもがこうした疑問をずっと内に抱えたまま、それでもずっと一方的に勉強をさせられ続けたとしたら、どうなってしまうでしょう？

やっぱり、勉強を心の底から好きになることはむずかしいでしょう。「学問を愛する」ことなど、できなくなってしまうでしょう。

ルソーは言います。

おそらくはここに、教師にとってさけることがこのうえなくむずかしいおとし穴がある。もし、子どもに質問されて、ただその場をきりぬけることだけを考えて、かれにはまだ理解できない理由をただ一つでも告げるならば、〔中略〕かれはもうあなたがたに信頼をもたなくなり、なにもかもだめになる。(上・四〇七―四〇八頁)

さらに彼は続けます。もし、あなたの答えに生徒が納得しなかったとしたら、その責任は、生徒ではなくあなたにあるのだと。

厳しい要求です。わたしたちは果たして、因数分解が「なんの役に立つのか」を、生徒が納得するように伝えることができるでしょうか。化学式が「なんの役に立つのか」を、自信をもって言うことができるでしょうか。

必要なのは、「学問を愛する趣味」と「正確で明瞭な観念」のみ

ここでルソーは、いわば発想を逆転させて次のように言います。

第一に、生徒が学ぶべきことをあなたがたが指示してやる必要はめったにない、ということをよく考えていただきたい。生徒のほうで、それを要求し、探求し、発見しなければなら

ないのだ。（上・四〇八頁）

ルソーに言わせれば、わたしたちは、「子どもが学ぶべきことを、大人があらかじめ決める」という発想から、脱却する必要があるのです。

そのほとんどは、生徒のほうで自ら見出し、深めていくべきものなのです。

伊那小学校の言葉を再び借りれば、「子どもは、自ら求め、自ら決め出し、自ら動き出す力を持っている存在」です。「教師が要求し、教師が決め、教師によって動かされる」教育は、子どもたちのそんな力を奪ってしまうことになるでしょう。

中学生になっても、原則は同じです。子どもたちが、みずからの経験をとおして、実物、実例から学んでいくこと。そのことで、それが「なんの役に立つか」を自分なりにはっきりとつかむこと。それが大事なことなのです。

いやいや、それはわかるけど……中学になれば、ますます現実には無理だよ。

そう思われる方も、多いのではないかと思います。

たしかに、日本の学校教育においては、学習指導要領のことを考えても、受験のことを考えても、むずかしいところがあるように感じられるかもしれません。

でも、もっと根本的なところから考えてみましょう。

ルソーは言います。この時期の子どもたちは、本来、そんなにたくさんのことを知る必要はないのだと。

「学問を愛する」姿勢が育ったならば、子どもはみずから、必要に応じてたくさんの知識を獲得していきます。だからこの時期に重要なのは、たくさんの知識をつめ込むのではなく、「正確で明瞭な観念だけを身につける」ことなのだ。そうルソーは言うのです。

本当に、そう思います。

むろん、人類の知の遺産はきわめて重要なものです。けっして軽視してはなりません。今日の文明は、何千年、何万年という人類の知の蓄積の上に成立しているのです。

一方で、中学校以降に習ったことの大半は、なんと実生活ではほとんど役に立たないということを明らかにした研究があります。学校の成績は、あくまでも大学などに行くため、さらには就職先に自分の学歴を示すためのシグナルにすぎないのであって、実質的には、あまり役に立っていないのだと(1)。

本当にそこまで言えるかどうかは、さらなる検証が必要だとは思います。でも、これはじっさいに、多くの人が実感していることではないかと思います。

もしそうだとするなら、わたしたちが中学の学びで大事にすべきは、やはりルソーが言うように、「役に立つ」学びを通して「学問を愛する」こと、そして「正確で明瞭な観念を身につける」ことにつきる。そう言えるのではないでしょうか。それはひるがえって、人類の知の遺産を尊ぶことにもつながるでしょう。

きのくに子どもの村学園

ここでまたご紹介したいのが、自己決定、個性化、体験学習を核にした私立学校、きのくに子どもの村学園です。

伊那小学校と同じく、子どもたち自身の「探究」を中心にした学校ですが、伊那小とちがって小・中学校である点が、本章の観点からは注目されます。和歌山県にある「きのくに子どもの村小学校・中学校」をはじめ、福井県勝山市、山梨県南アルプス市、福岡県北九州市、長崎県東彼杵町《ひがしそのぎちょう》に、現在、全部で五校あります。

小・中学校のうち、小学校では、週の半分が「プロジェクト」の時間になっています。クラスはプロジェクトごとに、一年生から六年生までの縦割りで構成されます。

訪れると、いつも、子どもたちが釘を打って何かをつくっている音が響いてきて、あぁ、またきのくにに来たなぁとしみじみ思います。

敷地内に巨大なすべり台をつくったり、本格的なツリーハウスをつくったりするプロジェクト、演劇を制作するプロジェクト、栽培した作物で料理をするプロジェクト……。毎年、多彩なプロジェクトが実行されています。

中学校では、週のうち丸一日、それともう一日、午前中がまるまる「プロジェクト」の時間に当てられています。戦争について探究するプロジェクト、ミュージカルを制作するプロジェクト、畑で農作物を育てるプロジェクト……。

昨年、北九州子どもの村小・中学校にお邪魔した時、中学生の子どもたちが、哲学者が来るというので、「戦争はなくせるか?」というテーマの対話会を開催してくれたことがありました。

この学園を訪れるたびに深く感じ入るのが、子どもたちの〝自分の言葉〟です。借り物でない自分の言葉で、これまで調べ考えてきたことを、いつも直球でぶつけてきてくれる。この時も、そうでした。戦争なんてなくなるはずがない、やはり武力は必要なんじゃないか。でも、カントが言うような永遠平和をめざすとするなら……。こんな議論を中学生とできるなんて、哲学徒としてこれほど楽しいことはありません。

話のついでに、イマヌエル・カントの『永遠平和のために』は、現在の国際連合の源流になったことでも有名な本です。でも、じつはそれより八十年以上も前に、サン=ピエールという人が『永久平和論』という本を出していて、これにルソーが論評を加え、みずからの平和論を論じてもいるのです。カントの著作は、このルソーの論を下敷きにしたものです。

ヨーロッパが戦争に明け暮れていた時代に、いつやってくるか想像することさえできない永遠平和を思い描き、それを実現するための具体的な方策を考えていた思想家たちがいたことを、心に留めておきたいと思います。

それに比べれば、今日の学校で「理想の教育」を実現するなど、なんてことはない、と勇気がわいてきます。

ちなみに、わたしは『愛』(講談社現代新書)という本を書いているのですが、それを知った先ほどの北九州子どもの村の生徒たちが、戦争をめぐる対話会のあと、愛についていろいろ聞きたいと放課後に集まってきてくれました。

最初は数人だった対話の場が、気がつけば大勢で議論を楽しむ会になっていました。これまた最高に楽しい時間でした。とにかく、臆することなく〝自分の言葉〟を語ってくれる子どもたちです。この学校の、大きな特徴だと思います。

もう一つ、余談ばかりで恐縮ですが、和歌山県のきのくに子どもの村学園には、小・中学校に加えて高等専修学校もあり、その生徒の一人が、これまた哲学者が来たというので、わたしを質問攻めにしてくれたことがありました。彼らのプロジェクトは、「資本主義」をテーマに研究を進めていたのです。

その後、彼は学校中を案内してくれました。各教室を回りながら、「ここのプロジェクトは、いまこんなことをやっていて、こんなところがおもしろいんです」と、一つずつプレゼンをしてくれたのに、わたしは心底感心しました。自分のプロジェクトだけに集中しているのではなく、他のクラスのプロジェクトについてもよく知っていて、しかもその意義までわたしに語ることができるなんて、と。

さて、この学園の注目すべき点は、プロジェクトを中心にしたカリキュラムでありながら、学習指導要領に準拠していることです。つまり、学習指導要領が定める教科の学習内容も、プロジェクトをとおして、あるいはプロジェクトと関連しながら、ちゃんと学ばれているのです。きのくにの中学を卒業して、一般の高校に通う生徒たちも、おおむね学業成績は良好という追跡調査もあります。

さらにいつも感心するのは、多くの子どもたちが取り組んでいる内容の高度さです。先ほどの高校生は、わたしに、「マルクスのここがわからないんですが、ちょっと教えてくれませんか」なんて聞いてきてくれました。

要するに、いまの日本の中学校においても、ルソーが言うような教育は不可能ではないのです。「役に立つ」学びを通して「学問を愛する」こと、そして、多くの知識というより「正確で明瞭な観念を身につける」ことを大切にした教育が。

数学の新発見をする高校生たち

もう一つ、こんなお話をさせてください。

わたしの高校時代の恩師に、宮寺良平先生という数学者の先生がいます。

宮寺先生は、その高校で一番の変わり者の先生という評判で、じっさい、とても変わってい

ました。ひょろひょろっとしたスリムな体で、気づけばいつもいろんなところを走り回ってい
て、授業になると、どうも自分が一番楽しんでいるように見える。
宮寺先生は、まさに子ども時代の遊び心をそのまま持って生きているような人でした。数学
と、それから、若者たちと一緒にいるのが楽しくてしかたない。そんな雰囲気が、いつも体の
周りに漂っているような先生です。
一方のわたしは、当時から言ってみれば哲学的な人間で、何かにつけて思い悩んで、一人勝
手に懊悩するくせがありました。
それにおそらく気づかれてのことだったのだと思いますが、宮寺先生が、ある時一言、「登
山に行こう」と言ってこられたことがありました。
それで何人かで、兵庫県の六甲山に山登りに出かけました。
疲れた体と、その反対に、頭がとてもすっきりした感覚をよく覚えています。一人で悶々と
悩んでしまう時は、こうやって体を動かしてごらん。そんなふうに、宮寺先生はおっしゃりた
かったんじゃないかなと思います。
さて、この宮寺先生、わたしの卒業後に、数理科学部というクラブを立ち上げられました。
学校を移られてからも、同じようなクラブ活動を続けていらっしゃいます。
そしてこれらの学校で、高校生たちが、次々と数学の新発見をしていくことになったのです。
国際学会で発表し、査読を通過した論文を書いた高校生まで何人もいます。世界的にも、あま

り類例のないことではないかと思います。

たとえば、ある生徒は、野球の日本シリーズの統計を授業で習ったのを機に、メジャーリーグのワールドシリーズの統計を調べたところ、確率論では説明がつきにくい現象を見つけたそうです。成果はロンドン大学で発表され、のちに世界初の発見であることがわかったそうです。石取りゲームというゲームの必勝法を、数学的に理論化した生徒もいます。アップルの世界開発者会議に、研究成果が認められて、二十歳以下としてはじめて招待された高校生たちもいます。

興味深いのは、彼らは別に、それまで必ずしも数学が得意な生徒だったわけではないということです。むしろ、苦手だった生徒さえたくさんいるそうです。

それがなぜ、こんな国際的な成果を上げることになったのか。

一つには、宮寺先生がとにかく楽しそうに数学をされるので、自分もその世界をのぞいてみたいと思うようになったことがあるのではないかと思います。まさに遊び心が、研究の最大のドライバーになっているのです。

そしてもう一つは、秀才でなくても、チームで研究をすれば、むしろ秀才にはできないような発見ができるから。

もしも一対一で数学のテストの点を競うとしたら、数学が苦手な子は秀才に勝てません。でも宮寺先生は言います。もしチームで数学を研究したら、秀才だけのチームより、秀才と苦手な子が混ざり合ったチームのほうが、秀才には思いつかないような発見ができるものなんだよ、と。

さらにもう一つのポイントは、従来のおもしろい研究の中身をちょっと変えて、自分たちもチームで研究してみるということです。一人ではいきなり天才的なアイデアは思いつかないけれど、過去の天才数学者たちの研究を、チームで少し変形してやってみると、これまでだれも思いつかなかったようなことが見つかることがあるというのです。

探究の扉を開く

以上のエピソードは、わたしたちにいくつもの示唆を与えてくれます。

まずはやっぱり、いくつになっても、遊ぶように学ぶことに勝るものはない、ということ。

「それはなんの役に立つのですか？」

この問いに対して、いや、役に立つも何も、最高に楽しいんだよ！　と教師が自信満々に答えられること。そしてそれを、じっさいに子どもたちが感じ取れること。これに勝る、学問の人生への〝役立ち方〟は、ほかにないと言っていいでしょう。

それから、チームで学び合うことの重要性。

前に言ったとおり、これはルソーに欠けていた視点です。

現在の学力競争ゲームは、いわば個人競技です。でも、学びというのは、本来、さまざまな人の得意を持ち寄り、苦手を補い合い、協働して進めることでこそ深まっていくものです。

前に、学力競争は多くの場合、全体のパフォーマンスを引き下げてしまう傾向があるという研究をご紹介しました。その一方で、協働すれば、全体のパフォーマンスが上がるという研究もあります。集団内の競争は足の引っ張り合いをもたらすことが多いけれど、お互いが協力できる条件がうまく整えば、助け合うことが可能になるからです。

もう一つ、この時期の生徒たちが、何をどのように探究していけばよいかということについても、宮寺先生のお話はとても示唆的です。

先ほども述べたように、ルソーは、学ぶべきことを大人が一方的に決めるのではなく、子どもがみずからの動機にドライブされて探究を進めていく必要があると言いました。

これは原則正しいのですが、その時に、大人はただ子どもの動機が自然発生するのを待っていればいいというわけではありません。

子どもが経験してきた世界は、多くの場合、やはり少しせまいものです。だから、何かを探究するといっても、その枠内のことしか思いつきません。もっと高度なことへと向かっていくためのスキーマが、まだ整っていないのです。

そこで教師の出番です。博士号も持つ数学者である宮寺先生は、生徒たちが独力では知ることのむずかしい、広い数学の世界を知っています。だから、もしも生徒たちがその世界への関心を持っていたなら、その扉を開いて示すことができます。どの扉を開けば、生徒たちがチームで新たな発見ができそうかという当たりをつけることもできます。

本書で繰り返し言ってきたとおり、子どもの「自然」な成長を尊重するとは、何も子どもを放任しておけということではないのです。子どもたちがまだ知らない世界を知っている大人として、わたしたちは、彼らのさまざまな知の探究の扉を開いて示すことができるのです。

むろん、それが一方的な押しつけになっては意味がありません。宮寺先生にとっても、生徒たちにとっても、あくまでも学びの動機は遊び心です。


以上のように、ルソーが示した教育の原則は、この年代の若者にとってもやはりあてはまります。そしてその実践は、さまざまな制約のある現在の学校教育においても、決して不可能ではないのです。

教育学部の教員としては、宮寺先生のような先生をもっとたくさん学校現場に送り出していきたいと思います。そして学校を、もっともっと、そんな遊び心あふれる場にしていきたいと。

奇術師のエピソード

話を『エミール』に戻します。

子どもの「学び」について論じたルソーは、続けて再び、子どもに起こる〝情念〟の危機について語ります。

子どもは、知への欲求が目覚め、じっさいにさまざまなことを知るようになると、あの「不自然」にゆがめられた情念に支配されてしまう危険が出てくるのです。

それが虚栄心です。自分を大切にしたい、という自己愛が、自分は人よりすぐれているんだと思いたがり、またそれを過剰に誇りたくなる虚栄心へと、ねじ曲げられてしまうのです。

自分は人とはちがう。人より秀でている。成長するにつれ、子どもはそんな思いを時に抱くようになってしまいます。あるいはそのように自分を見せたくなってしまいます。

でも、その欲望がどんどん膨らんでしまうと、結局は不幸になってしまうのでした。

だから、虚栄心も嫉妬心も傲慢さも、少なければ少ないほどいい。そのほうが、わたしたちはより自由に生きられるとルソーは言うのです。

そこでルソーは、この時期に芽生えはじめた虚栄心を、上手に挫《くじ》いてやる必要を述べます。

ここで語られるのが、有名な奇術師のエピソードです。以下に少しご紹介しましょう。

ある日のこと、エミールとルソーは、町で奇術師のショーを見かけました。

その奇術師は、水に浮かべたアヒルのオモチャを、自由自在に動かす手品を披露していました。

エミールはその手品に興味津々です。

家に帰ると、エミールはルソーとともに手品のタネを考えました。

その結果、エミールは磁石による仕掛けを思いつきます。そうだ、磁石だ、と二人は盛り上がります。

夕方、町に行って奇術師のショーを再び見学したエミールとルソー。

その時、エミールは突然叫びます。

「そんなこと、ぼくにだってできるよ」

磁石を隠したパンを取り出したエミールは、こともあろうに、奇術師のアヒルを自分で自由自在に動かしてしまうのです。

恥をかかされたかっこうになった奇術師。

彼はエミールを抱きしめてこう言います。

「明日もおいで。君のその腕を、もっと多くの人に見せてあげよう」

はたして翌日、意気揚々とショーに出かけたエミールとルソー。

しかし今回は、アヒルを自分の思いどおりに動かすことができません。

奇術師はエミールのパンを取り上げます。そして中の磁石を引き抜いた上で、なおもそのパンを使ってアヒルを動かしはじめました。

それだけではありません。彼は手袋でも、指の先でも、アヒルを自由自在に操るではありませんか。

意気消沈して家路に着いたエミールとルソー。二人は部屋に閉じこもってしまいます。

その翌朝。

二人の家の扉を叩く音がします。

ドアを開けると、例の奇術師でした。

彼は言います。

「あなたがたはいったいどうして、わたしの手品のタネを暴き、信用を失わせ、わたしの生活手段を奪うようなことをしたのですか?」

この言葉に、エミールとルソーは、自分たちがしでかしたことにようやく気づいて、恥じ入ります。

奇術師は、昨日の手品の種明かしをします。じつは小さな子どもが隠れていて、強力な磁石でアヒルを操作していたのです。

「わたしはいつも一番すぐれた手品を必要な場合にそなえてとっておくことにしているのです。だからこのほかにも、わたしはまだまだ、さしでたことをするお坊っちゃんがたを閉口させるものを持っているのですよ」

ますます恥じ入るエミールとルソー。

お詫びに贈り物をしたいと、ルソーは言います。

しかし奇術師は断ります。

「いや、だんなさま、そんなわけにはまいりません。どんな身分の者にも寛大な心があるということを、どうか覚えておいてください。わたしはわたしの奇術にはお金をはらってもらいますが、わたしの授業にはお金はいただきません」

そしてこう続けます。

「わたしはこのお子さんを喜んでお許しします。なんにも知らないためによくないことをしたのですからね。けれども、だんなさま、あなたは、このお子さんの過ちをごぞんじのはずだったのに、なぜそういうことをさせてしまったのですか」

なんとルソーは、奇術師に、ルソー自身を非難させるのです。

ここでルソーが言いたかったのは、先述したとおり、虚栄心の浅ましさについてです。ちょっと知識があるからといって、それを誇ろうとする虚栄心が、どれだけ恥ずべき結果を生むか、この経験をとおして、エミールは身をもって知ることになるのです。

と同時に、ここでルソーがみずからを奇術師に非難させるシーンもまた、非常に印象的です。奇術師の言葉を受けて、ルソーは自身の過ちを認めます。そして、二度とこのようなまちがいは犯さないことを約束するとエミールに伝えます。

作中でルソーは言います。

わたしたちの関係が変わっていく時、そして教師のきびしさが遊び仲間の好意に代わらなければならない時が近づいているのだ。こういう変化は段階的にもたらされなければならない。すべてを見透さなければならない。しかも、はるか遠くからすべてを見透さなければならない。（上・三九五頁）

子どもが青年に近づくにつれ、教師と子どもの関係は、より対等なものとなっていく。そうルソーは言うのです。徐々に、徐々に。それまでの、庇護する者と庇護される者との関係から、同じ人間としてよりいっそう認め合っていく関係へと、両者は足を踏み入れていくのです。

子どもは、教師もまたまちがいを犯すことを学びます。

そんな時、教師は、大人ぶって自分の過ちをごまかすようなことがあってはなりません。過ちを認め、やり直すことを約束しなければならないのです。

このエピソードをとおして、エミールは、虚栄心の浅ましさを知ると同時に、おのれの過ちを認めやり直そうとする、大人の生き方を知ったのです。

こうしてエミールは、この時期にありがちな虚栄心の肥大化を免れることになります。

エミールはもう十五歳。人生の次なるステージへと飛び出す時期です。

乳幼児期には、彼は無菌室に閉じ込められることなく、丈夫な体を育み、「気まぐれ」に支配されない習慣を身につけました。

いままで言う小学校時代には、虚栄心や嫉妬心に惑わされることなく、いつでも自分らしくあることができるようになりました。自由で幸福に生きるための、秘訣の体得です（欲望と能力の調和）。そして「学び」は、自身の興味に突き動かされた、「遊び」の延長のものになっている。

中学校時代には、さらに学問を愛する趣味を身につけるとともに、芽生えはじめた虚栄心を挫くこともできました。

さあ、準備は整いました。これからの教育は、これまでの教育とは多くのことが変わってきます。

それは人生における「第二の誕生」の時期。

すなわち、「性の目覚め」がやってくる時期です。

第5章　性教育と道徳教育

第四編のテーマは、十五歳くらいから二十歳くらいまでの教育についてです。性の目覚めは、むろん「自然」なことです。だからこそなおのこと、その「自然」な成長が大事にされなければなりません。

でも、世間ではあまりに早い時期に、子どもたちの性を目覚めさせてしまっているとルソーは言います。それも〝卑猥〟なものとして。

本当は、それは自然な、したがって尊いことであるはずなのに。

当時は、乳母や召使いなどが、子どもが小さいころから猥談を聞かせて、まだ何も知らない子どもたちの情欲をかき立てるといったことが横行していたようです。そのことに、ルソーはひどく憤ります。

それで言えば、現代の子どもたちが受け取る性的な情報の量や過激さは、当時の比ではありません。スマホ一つあれば、これまでのどんな時代の王侯貴族も見ることができなかったほどの〝卑猥〟な情報を目にすることができてしまいます。

そのような現代においては、これからルソーが論じていくような性教育は、ほとんど不可能なことではないかと思わされてしまいます。何しろルソーは、これまでどおり「自然」に沿った教育を意識していれば、エミールは二十歳まで性的欲望を知らず、「官能の純粋さ」を保つことができるだろうと言うのです。

さすがにそれは、無理な話ではないかと思います。一切の外界と隔離しない限り、実現は不可能でしょう。

でもここでも重要なのは、やはりその教育の底にある考え方です。

大事にしたいのは、あくまでも「自然」な形で性が目覚めていくことです。と同時に、この時期は、嫉妬心や競争心や虚栄心などが、これまで以上に生じてしまいやすいもの。だからそれらが若者をむしばんでしまうことのないよう、いっそう気をつける必要があるのです。

「人間愛」と「あわれみ」

性の目覚めについて語る前に、ルソーはまず、人間における最も自然な情念について論じます。

それが「自己愛」です。前にも言ったとおり、自分を大切にしたいという自己愛は、だれもが持って生まれたものです。

ルソーはこれを「自己保存」の欲望とも言い換えます。

自己愛とか自己保存とか、言葉だけ聞くと、少し自己中心的に聞こえるかもしれません。でも、これはだれもが持つ欲望ですから、どこまでも「自然」なものです。それが真に自己中心的になるのは、つまり「悪」の芽となるのは、この自己愛がゆがめられて、他人を蹴落とそうとか、攻撃してやろうといった、競争心、嫉妬心、虚栄心、ルサンチマンへと変形してしまう時なのです。

この変形は、「自然」なことというより、大部分が、比較や競争という人為的な環境の中で起こるものである、というのは、これまで繰り返し見てきたとおりです。

ただ、それは幼い子どもにとってはそうなのですが、青年になってくると話は少しちがってきます。

青年は恋をします。これもまた「自然」なことです。

この時、青年は否応なく、人との〝比較〟をしてしまうことになるのです。

愛されるには愛すべき人間にならなければならない。特別に愛されるためには、ほかの者よりもいっそう愛すべき者にならなければならない。ほかのだれよりも愛すべき者にならなければならない。〔中略〕そこではじめて、自分と同じような人間に注目することになる。そこではじめて、自分をかれらにくらべてみる。そこから競争心、嫉妬心が生まれてくる。

（中・一五頁）

青年にとっては、競争心や嫉妬心というのは、ある意味で避けられない感情だとルソーは言うのです。

でも、もう一度確認しておきましょう。これらの情念は、過剰に持ちすぎると、わたしたちをただ不幸にするだけである、と。

そこで目を向けたいのが、「自己愛」が向かっていくもう一つの道です。

自己愛は、わたしたちの「人間愛」への芽でもあるのです。

子どもは、自分を大事にしてくれる人たちを、自分もまた大事にしたいという思いを持つものです。その時点で、自己愛はすでに人間愛への歩みを進めています。

さらに自己愛は、苦しんでいる人たちへの「あわれみ」の感情の芽にもなります。

自分を大事にしたい。大事にできるとうれしい。できないと悲しい。

世の中を見回すと、人から大事にされていない人たちがいる。自分を大事にできていない人たちがいる。その姿を見ていると、自分まで苦しい気持ちになってくる。

自己愛を持つ以上、わたしたちは必ず、苦しんでいる人たちに対する「あわれみ」の感情も持つようになるのです。

要するに、自己愛は、嫉妬心や虚栄心へとゆがめられることもあれば、人間愛やあわれみの感情へと育っていくこともあるのです。

とすれば、教育者には、自己愛が虚栄心にゆがめられることをできるだけ防ぎ、それが人間愛やあわれみの感情に育っていくよう意識することが求められます。

それはどうすれば可能なのか？　ルソーは言います。

だから、青年の心にあらわれはじめた感受性の最初の動きに刺激をあたえ、それをはぐくんでいこうとするなら、かれの性格を慈悲と親切のほうへむけさせようとするなら、人々の幸福のいつわりの姿を見せて、傲慢な心、虚栄心、羨望の念を芽ばえさせるようなことをしてはならない。最初は、宮廷の花やかさ、宮殿の豪奢《ごうしゃ》な生活、さまざまな催しごとの魅力をかれの目のまえにひろげて見せてはいけない。（中・三四頁）

ここでもまた、ルソーは、むき出しの欲望が渦巻く都会の誘惑から若者を遠ざけよと言うのです。華美な世界を知ってしまうと、若者はきっと、それへの羨望を抱いてしまうことになるからです。

何度も言ってきたとおり、それは不幸のはじまりです。だから重要なのは、強欲にまみれた人たちとの接触を可能な限り避け、ごくふつうの民衆とともに過ごすことだとルソーは言うのです。

そうすれば、エミールはきっと、自分は上流階級だなんて誇ることも、それを願うこともなく、ごくふつうの民衆の一人として、あらゆる階級の人たちを愛せるようになるだろう、と。

一言でいえば、あなたがたの生徒に、あらゆる人間を愛すること、人間をいやしめる連中さえ愛することを教えるがいい。自分をどんな階級にもおくことなく、あらゆる階級に自分をみいださせるようにするがいい。(中・四七頁)

もっとも、都会から離れよというのは、都会に暮らしている人たちにはちょっと無理な話に聞こえるかもしれません。

その場合は、子どもたちを虚栄に満ちた世界に無防備にほうり出さないよう気をつけようというメッセージとして受け取ればよいのではないかと思います。金持ちがえらいとか、権力者がえらいとか、そういう価値観を抱かないよう、またそうした世界への羨望を抱かないよう気をつけようというメッセージとして。

それは回り回って、子ども自身の幸福のための秘訣でもあります。

わたしたちはどうしても、大金持ちになって、あれやこれやを楽しむことができれば、幸せになれるんじゃないかと勘違いしてしまいます。でも繰り返し言ってきたように、幸福とは、過剰な欲望を叶え続けるところにあるわけではないのです。むしろそれは、いつまでも満たされることのない欲望に苦しめられ続ける、不幸な生き方にほかなりません。幸福は、そのような一見派手な人生にあるわけではないのです。

はじめは、いろいろと変化のある楽しみごとが幸福に役だつようにみえるとしても、一様な変化のない生活ははじめは退屈なようにみえるとしても、もっとよく見れば、はんたいに、いちばんなごやかな心の習慣は、欲望と嫌悪感にとらえられることが少ない、節度ある楽しみのうちにあることがわかる。(中・五七―五八頁)

虚栄心や傲慢さへとゆがめられた「自己愛」は、他人を蹴落とし、他人に勝つことをよろこびとします。

でもそれは、結局のところ、その人を不幸にしてしまうのです。

上には上がいるから、いつまでたっても欲望が満たされない、というばかりではありません。そんな人たちは、結局のところ、だれからも愛されることがないからです。

この欲望を満たしたい。でも満たされない。あれが欲しい。でも手に入らない。なのにあいつは持っている。許せない。ならば奪うか。破壊してやるか……。

欲望が過剰に刺激された青年たちは、嫉妬心、虚栄心、ルサンチマン、あらゆる種類の攻撃的な欲望に身をさらすことになるのです。

そんな人間が、人から愛されるはずがありません。

ゆっくり、ゆっくり

繰り返しますが、性の目覚めは「自然」なことです。でもそれは、本来、ゆっくりとやってくるべきもの。だから教師は、あまりに早くその目覚めをもたらす刺激から、青年を守ってやる必要がある。そうルソーは主張します。何事も、性急になってはいけません。

ルソーは言います。

すぐれた栽培法のもっとも有益な教えの一つは、なにごともできるだけおくらせるということだ。ゆっくりと確実に前進させるがいい。青年が大人になるためになすべきことがなにも残っていないことになるまで、大人にならせないようにするのだ。肉体が成長しつつあるあいだに、血液に芳香をあたえ、筋肉に力をあたえることになっている精気がつくられ、精製されていく。（中・六五頁）

じゃあ具体的にどうすればいいのか、ということについても、ルソーはいろいろと言っています。

たとえば、児童期の子どもはしばしば「子どもはどうしてできるの?」とたずねてきます。

この問いに、どう答えるか?

多くの親にとって、これはいつの時代も難問です。

これについてルソーは言います。まず、嘘は決してついてはいけないと。


答えはいつもまじめに、かんたんに、きっぱりとあたえなければならない。ためらっているような様子をけっして見せてはならない。真実を告げなければならないことは言うまでもない。〔中略〕先生が生徒に言ったことが一言でもうそだとわかれば、教育の効果は完全に失われることになる。(中・二〇頁)

ではどう答えればいいのか?

ルソーは、子どもの目を、原因ではなく結果に向けさせよと言います。そしてある賢い母親の言葉として、こんなエピソードを紹介しています。


「お母さん」と子どもは不意に言った。「どうして子どもはできるの」――「坊や」と母親はためらうこともなく答えた。「女の人はおしっこをするようにして子どもを生むんですよ。それはとても痛くてね、そのために死ぬこともあるんですよ。」ばか者は笑うがいい。頭のない連中は眉をひそめるがいい。だが、賢い人は、これ以上に分別《ふんべつ》のある、目的にかなった解答がほかにみあたるかどうか考えてみるがいい。（中・二五頁）

麗しい一節です。もっとも、ここで言われていることは、原因ではなく結果に目を向けさせる、というより、「なぜ？」の問いを「どのように？」にすり替える戦略のようにも思えるのですが……。

ただこの場合も重要なことは、「落ち着きのない欲望」があまりに早く芽生えないよう、ゆっくりゆっくり育てていこうということなのです。

○歳からはじまるオランダの性教育

ルソー自身は、具体的な性教育のあり方についてあまり多くを語っていません。なので、じゃあいったいどうすればいいの？という問いの答えを、ルソーから具体的に引き出すことはちょっとむずかしい。

そこでここでは、ルソーを少し離れて、性教育の先進国、オランダの例をのぞいてみることにしたいと思います。ルソーの性に関する教育思想を、ある意味では具体的に発展させた教育のようにも思えるからです。

以下は、リヒテルズ直子さんの『0歳からはじまるオランダの性教育』（日本評論社）からのご紹介です。

えっ？　〇歳から？　と思われたかもしれません。

でもオランダにおける性教育の〝目的〟を理解すれば、きっと深くうなずけるはずです。性教育の最も重要な目的、それは、単に性に関する知識を教えることではなく、子どもたちが、どんな人も意識的に尊重できるよう成長することにあるのです。

この目的に沿って、オランダの性教育は大きく二つの方向性で進められています。

一つは、性にかかわる身体的発達や、妊娠、出産の仕組みなどについて学ぶこと。その過程で、望まない妊娠や、性暴力、性犯罪から身を守るための知識やスキルも学ばれることになります。それは、しっかり「ノー」が言えること、また「ノー」と言われたら、ちゃんと相手を尊重することを学ぶことでもあります。

二つめは、性的マイノリティの人びとの人権を尊重すること。文字どおり、どんな人も意識的に尊重できるようになるための教育です。

以上のような目的からすれば、性教育は〇歳からはじまると言ってもなんら不思議はありません。

まず〇歳から三歳ごろまでは、親子で性について語れる環境づくりが大事であるとされます。

多くの親は、いつか思春期をむかえるころに、子どもが性の話をしてきたらどうしよう、と身構えているかもしれません。でも大事なことは、それまでの間に、ごく自然に、安心して話し合える環境をつくっておくことなのです。それはひいては、子どもが性に関する悩みを一人で抱えて、取り返しのつかないことになってしまうのを避けることにもつながります。

続いて四歳から六歳ごろまでに、しっかり「ノー」と言えるように教えます。六歳くらいになると、妊娠と出産と命の大切さについて、ありのままに教えます。ごく自然に、事実を教えるのです。

「赤ちゃんはコウノトリが連れてくるとか、キャベツから生まれるなどという話し方をするのは、もう昔むかしのことです」とリヒテルズさんは言います。ルソーが言うとおり、嘘をつくのはやっぱりよくないことなのですね。

この時、同性カップルの場合や、子どもがほしいのにセックスしてもできない場合は、人工授精という方法があることも教えます。子どもを養子にしたり、里親になることができることも教えます。同性愛者のもとで育っている子どもたちへの配慮は、決して怠りません。

六歳から九歳ごろには、友だち関係において、お互いを尊重することを学びます。相互尊重。繰り返しますが、これこそ、性教育の一番の目的にほかならないのです。

九歳から十二歳ごろになると、公営放送局制作の番組「スクールTV」などを用いて、性に関するさまざまなテーマを学んでいきます。「ドクター・コリー・ショー」という、対話をとおしたドラマ仕立ての動画シリーズでは、恋の病、キス、勃起、同性愛、はじめてのデート、裸、マスターベーション、月経、コンドーム、セックス、ワギナ、ペニス、ホルモンといったテーマが取り扱われています。アイドルやスポーツ選手、政治家などの有名人も登場し、性について自然に、オープンに語り合われているそうです。

さらに重要なのは、この時期、性犯罪から身を守るスキルなども教えられることです。十二歳以降になると、専門家が出前授業をするようになります。授業においては、ここで交わされる会話は外には絶対漏らさないこと、また、だれかが言ったことを、絶対に笑ったりバカにしたりしないことを約束します。

相互尊重を学ぶこと。何度も繰り返しますが、これがオランダの性教育の一番大事な目的なのです。

こうして見ると、日本のあまりに不十分な性教育とのちがいに愕然としてしまいます。

二〇二一年度から実施されている中学校の学習指導要領(保健体育科)には、「妊娠の経過は取り扱わないものとする」との一文があります。また、小学五年生の理科についても、二〇二〇年度からの学習指導要領には、「人の受精に至る過程は取り扱わないものとする」との文言があります。要するに、性交については授業で取り扱わないようにとされているのです。いわゆる「はどめ規定」と呼ばれているものです。

このことについては、すでに多くの議論があり、この方針が次期学習指導要領にも継承されるかどうかはわかりません。しかしいずれにせよ、多くの学校が、このはどめ規定のために十分な性教育ができない一方で――ただし指導要領は「最低基準」とされていますので、その内容を超えて授業をすることは可能です――多くの子どもたちは、インターネットにあふれる性の情報を日々目にしています。

その中には、ひどくまちがった情報もあるでしょう。そんないわば無法地帯の中で、子どもたちは正確な知識に守られることなく、欲望だけを際限なくふくらませているかもしれません。性教育を、相互尊重を学ぶ機会として、学校が行わずにいったいどこが行うのでしょうか。日本の性教育への提言については、ぜひ、リヒテルズさんのご著書をお読みいただければと思います。

オランダの性教育は、ルソーの言う「落ち着きのない欲望」を、ただその情欲のままに放置するのではなく、いわば正しく使うことを学ぶ教育と言えるかもしれません。

むろん、どの国の教育も、それぞれ課題があるものです。ただ少なくとも、オランダの性教育は、ルソーが十分に展開することのなかった性教育のあり方、その本質を、わたしたちに考えさせてくれるものだとわたしは思います。

どのような欲望も、他者の尊厳を傷つける形でぶつけてはならないのです。

歴史的人物を反面教師にする

じつはルソーも、子どもはこの性の目覚めの時期に、他者を尊重することを本格的に学ぶ必要があると述べています。

前にも言ったとおり、都会から隔離されて育った少年エミールには、同年代の友だちがほとんどいません。でもこの青年期になって、ルソーはようやく、エミールに他者との関係性について教えるようになるのです。

性の目覚めは、虚栄心や嫉妬心など、ネガティブな感情もまた激しく芽生えさせることになるからです。そしてそれは、時に他者に対する攻撃性として現れます。だからこの時期にこそ、「だれにもけっして害をあたえない」というルールを、改めて教えなければなりません。他者を尊重すべきことを、みずからの理性によって知る必要があるのです。

わたしたちはやっと道徳的な秩序のなかへはいっていく。わたしたちは人間の第二の段階を経過したのだ。（中・七二頁）

こうして青年期になって、いわば意図的な道徳教育がはじまることになります。

しかしルソーの道徳教育は、ここでもまた、現実の人間関係をとおしてというよりは、やはり隔離状態の中で行われます。

ルソーが推奨するのは、「歴史」をとおした道徳教育です。

現実社会には、堕落した人間ばかりいる。だからじっさいの人間関係をとおして教育をするのではなく、できるだけ遠い歴史上の人物たちをとおして教育をしよう。そうルソーは言うのです。

気持ちはわかるのですが、この点は改めて、ルソーの教育論の一つの限界と言えるのではないかと思います。仲間と共に学び合うという視点を、『エミール』はちょっと欠きすぎています。

もっともルソーも、作中で「世の中で生きるには、人々とつきあうことを知らなければならない」と言い、次のように続けています。

人はよいことをすることによってこそよい人間になる。これ以上に確実な方法をわたしは知らない。あなたがたの生徒に、かれにできるあらゆるよい行ないをさせるがいい。(中・一一三頁)

でも、じゃあ具体的にエミールはどんなふうに人とつき合い、どんなよい行いをするのかという話になると、『エミール』の中にはほとんど出てこないのです。

そんなわけで、ルソーの道徳教育は、基本的に歴史上の人物をとおしてということになります。

ただ興味深いことに、それは偉人に学ぶというより、むしろ偉人を反面教師にして学ぶというスタンスで行われるのです。

取り上げられるのは、とりわけ歴史上のさまざまな支配者たちです。

ルソーは言います。彼らのだれ一人とて、じつは幸せな人間はいなかったのだ、と。

たとえば、ローマ帝国初代皇帝アウグストゥスとなった、オクタウィアヌス。

四十年にわたってローマを支配した彼でさえ、その生涯は決して幸福なものではありませんでした。親しい友人たちにたえず命を狙われ、家族を殺され、この世の絶望を味わい続けたのです。

ここでも、「実例！　実例！」は原則です。オクタウィアヌスのような歴史上の人物をとおして、エミールは支配欲や虚栄心の危うさを知っていくのです。

ルソーは言います。

みじめな国王たち、かれらに服従しているすべての者の奴隷である国王たちを、かれはかわいそうだと思う。むなしい名声にしばられているまがいものの賢者をあわれだと思う。豪奢な生活の殉教者になっている愚かな金持ちを気のどくに思う。楽しみをみせびらかして一生退屈な生活を送っているはでな放蕩者をあわれむ。かれはかれに害を加える敵さえあわれむ

だろう。(中・九八―九九頁)

むろん、このような「あわれみ」を持つからといって、エミールは自分のほうが彼らよりすぐれているなどと思うわけではありません。ルソーはここでも、例の奇術師のエピソードのような経験をエミールに繰り返しさせて、傲慢さや虚栄心の芽を摘むことを怠りません。

サヴォワの助任司祭の信仰告白

道徳教育と言えば、当時は宗教教育とほぼイコールです。

そこでルソーは、ここで彼の宗教論を披露します。それを聞いた青年期のエミールが、自分の頭で宗教について考えられるように、と。

それが有名な、「サヴォワ助任司祭の信仰告白」のエピソードです。サヴォワ生まれの貧しい助任司祭の口を借りるという体裁で、ルソーは自身の宗教論を展開するのです(この助任司祭は、ルソーがじっさいに知る二人の人物を合体させてつくられたものであると、のちに彼は『告白』で明かしています)。

あらかじめ言っておくと、パリ高等法院がルソーに逮捕状を出し、『エミール』を焚書にしたのは、この「サヴォワ助任司祭の信仰告白」が主な原因でした。

この挿話の中で、ルソーは明確にキリスト教の教義を否定してしまったのです。

神を信じないというのではありません。むしろルソーは、非常に信仰心の篤い人でした。彼が真っ向から否定したのは、ただ人間がつくったにすぎない「教会」の権威でした。

宗教の儀式と宗教そのものとを混同しないことにしよう。神がもとめている信仰は心の信仰だ。〔中略〕司祭の衣服や、かれが唱える文句や、祭壇のまえで行なう動作や、膝を曲げて祈ることなどに、神が大きな関心をはらっていると考えるのは、じっさいばかげたくだらないことだ。（中・二三九―二四〇頁）

しかし時の権力であった聖職者を敵に回すことは、当時としては命の危険さえあることでした。

こうしてルソーの逃避行がはじまります。五十歳の誕生日を目前にしてのことでした。

「サヴォワ助任司祭の信仰告白」は、ルソーの哲学や宗教思想を知る上では非常に重要なテクストです。しかもこの挿話は、エミールが一切出てこないにもかかわらず、『エミール』第四編の三分の一もの分量があてられていて――岩波文庫では中巻が全部第四編です――ルソー自身、大変な力を込めて書いたものであることがうかがわれます。

ただ、現代の読者からすると、この挿話はあまり興味をひくものではないかもしれません。

現代の教育やわたしたちの生に〝役に立つ〟かと問われると、なかなかむずかしいところもあるかもしれません。

でも大事なテクストであることに変わりはありませんので、できるだけ簡潔に、そのエッセンスをお伝えすることにしたいと思います。

「信仰告白」は、大きく三つのパートに分かれています。

第一パートでは、信仰に関する三つの信条が述べられます。以下のとおりです。

(1)なんらかの意志が宇宙を動かしている。

(2)それは神である。

(3)神は、人間がみずからの意志で善をなすことができるよう、人間を自由なものとして創られた。すなわち人間は自由である。

少しだけコメントしておくと、(3)の人間の自由に関するテーゼは、前にも少し触れたのちの大哲学者、イマヌエル・カントに大きな影響を与えたものです。

カントはおそろしいほど規則正しい生活を送っていた人で、毎日、同じ時間に同じコースを散歩していたことから、町の人はカントがやってくるのを見て時計の針を調整していたと言われるほどです。

そのカントが、一度だけ散歩を忘れてしまったことがありました。『エミール』を読んでいて、あまりのおもしろさに時間を忘れてしまったからだと言われています。

読んでいたのは、おそらくこの「サヴォワ助任司祭の信仰告白」だったのではないかと思います。

『実践理性批判』という本の中で、カントもまた、人間は、みずからの意志で善をめがけることができるという点に、人間の「自由」の根拠を見出しました。

欲望のままに生きるのは、いわば動物的な生き方です。じっさい、人間はみずからの欲望に負けてしまうことがある。

でも同時に、人間は意志の力で欲望に打ち勝ち、善をめがけることができるのです。

それはつまり、人間は、自然の摂理や本能のようなものにとらわれない「自由」な存在であるということです。なんと崇高なことだろう。カントはそう言います。

ルソーの影響は、一目瞭然でしょう。

さらに興味深いのは、ルソーがこの「信仰告白」の挿話の中で、〝善と幸福の一致〟を説く箇所です。これとまったく同じことを、その後、カントも論じているのです。

ルソーは言います。現実社会においては、善をなす人間が、イコール幸福な人間というわけでは必ずしもありません。それどころか、不正を働く人間が、不当にも幸福を手に入れているように見えることもある。

哲学の世界では、これは〝福徳不一致のアポリア〟と呼ばれています(アポリアとは難問という意味です)。幸福と徳(善)は、残念ながら必ずしも一致するわけではないのです。

しかしそんなことはまちがっている、とルソーは言います。善良な人間は、同時に幸福でなければならないのだと。

そこでルソーは、善人の幸福は神が保障してくださるはずであると言います。

わたしは、善人は幸福になるだろう、と言っておく。かれらをつくった者、あらゆる正義を行なう者は、かれらを感じやすいものにしたが、苦しめるためにつくったのではないのだ。〔中略〕この考えは、人間の価値にもとづいているよりも、むしろ神の本質とわかちがたいものと思われる善性の観念にもとづいている。わたしがここで仮定しているのは、秩序の掟《おきて》がまもられるということ、そして神がいつまでも変わらない存在であるということ、ただそれだけだ。(中・二〇五—二〇六頁)

これもまた、カントがおそらくルソーから影響を受けた考えの一つです。

カントは、人間は理性の力で、絶対的な道徳法則を見つけ出すことができると主張しました。

そしてその法則には、いついかなる時も従わなければならないのであり、先述したとおり、わたしたちの自由意志はそれを可能にしてくれるのであると。

しかしだからと言って、道徳的な人が幸福になれるとは限りません。

そこでカントは言います。道徳的な人が幸福になれるよう、神がいなければならないのだと。じつはカントは、『純粋理性批判』という本において、神の存在を証明することは不可能であるということを〝証明〟しています。ここで詳述することはできませんが、これは、どれだけ強調してもしすぎでないほど、哲学的に意義のある功績でした。

しかし『実践理性批判』において、カントは、道徳的な人が幸福な人でもあるように、神は存在しなければならないと、神を〝要請〟することになるのです。

と、カントについて書いていたらいつまでも脱線が続いてしまいそうなので、この辺で話を戻します。ここで言いたかったのは、ルソーが、その後のカントに絶大な影響を与えたということです。

ちなみに、カントの道徳哲学や「神の要請」などについては、さらにその後の大哲学者、G・W・F・ヘーゲルが、その非現実性や、カントの思考が〝矛盾の巣窟〟になっていることを指摘してこき下ろしています(『法の哲学』『哲学史講義』など)。

くわしく書く余裕はありませんが、わたしも、この点はヘーゲルに軍配が上がると考えています。ただ、ここで強調したいのは、序章でも書いたように、哲学の歴史はまさしくこのような〝思考のリレー〟であるということです。「善」をどう考えるか。このことについては、古代ギリシアのプラトンの昔から長い思考のリレーが続き、近代においても、ルソー、カント、ヘーゲルらが受け継ぎ、そして現代のわたしたちもなお、そのバトンを受け取り、送り続けているのです。

だれもが「良心」を持っている

「信仰告白」の第二パートは、「良心」論です。

ルソーは言います。わたしたちは、みずからの心に聞くことで、何が正しいことで何がまちがったことであるかがわかるものである、と。

なぜならわたしたちは、だれもが生まれながらに「良心」を持っているからです。

人間の心の底には正義と美徳の生得的な原理があって、わたしたち自身の格率がどうであろうと、わたしたちはこの原理にもとづいて自分の行動と他人の行動を、よいこと、あるいは悪いことと判断しているのだが、この原理にこそわたしは良心という名をあたえる。(中・二一八―二一九頁)

ルソーの「良心」への賛美は、感動的ですらあります。

良心！　良心！　神聖な本能、滅びることなき天上の声、無知無能ではあるが知性をもつ自由な存在の確実な案内者、善悪の誤りなき判定者、人間を神と同じような者にしてくれるもの、おんみこそ人間の本性をすぐれたものとし、その行動に道徳性をあたえているのだ。
（中・二二三―二二四頁）

たしかにわたしたちは、やってよいことと悪いことを判断する時、みずからの「良心」にたずねます。だれかに逐一答えを求めるのではなく、「良心」に問うことで考えます。そのような良心がわたしたちに生まれながらに備わっているというのは、たしかに考えてみれば感動的なことです。

ルソーは言います。

この地上のぜんたいに、たった一人でも、よいことをすることにけっして心をさそわれなかったほど堕落した人間がいると考えられるだろうか。善へのいざないは人間にとってはまったく自然な、快いことなのだから、どんな場合でもそれを拒絶するというのは不可能なことだ。（中・二二六頁）

自然宗教

「信仰告白」の最後のパートは、「自然宗教」についてです。『エミール』が焚書にされた、最大の理由になった箇所です。

まずルソーは、どの宗教、どの宗派の人たちも、みんな「自分の宗教こそが正しい」と言って譲らないことを指摘します。

なぜそう言えるのかとたずねると、彼らは答えます。「神がそう言っているからだ」と。

じゃあなぜ「神がそう言っている」とわかるのでしょうか？

「それは牧師がそう言っているからだ！」

と彼らは答えます。

……？

え？　どういうこと？　と、サヴォワ助任司祭（の口を借りたルソー）は言います。結局それは、神ではなく人間が言っていることではないか、と。

少し長いですが、ルソーの言葉を引用してみましょう。

神は語った！　これはたしかにすばらしい文句だ。しかし、神はだれに語ったのか。「人間に語ったのだ。」ではなぜ、わたしにはなにも聞こえなかったのか。「神はそのことばをあなたにつたえることをほかの人々にゆだねたのだ。」なるほど、神が語ったことをわたしに知らせにくるのは人間なのか。わたしはむしろ直接に神のことばを聞きたかった。そのために神にはよけい手間がかかりはしなかったろうし、わたしは誘惑からまもられたにちがいないのに。「神はその使いの者の使命を明らかにすることによってあなたを誘惑からまもっているのだ。」どうやって明らかにするのか。「奇跡によってだ。」ではその奇跡はどこに見られるのか。「書物のなかに。」ではその書物はだれがかいたのか。「人間だ。」では、だれがその奇跡を見たのか。「それを証言している人間だ。」なんということだ！　どこまでいっても人間の証言。けっきょく、人間がほかの人間のつたえたことをわたしにつたえるのだ。神とわたしとのあいだになんてたくさんの人間がいることだろう。（中・二四三―二四四頁）

さらにルソーは続けます。キリスト教徒でなければ地獄に落ちると人は言う。なんと不合理なことだろう。この地球には、モーセやキリストの名も聞いたことのない人たちが無数にいるが、彼らはみんな地獄に落ちるというのだろうか、と。

ちなみに、ここには日本も登場するので、せっかくですから引用しておきましょう。

布教師たちは日本に行ってるのか。かれらの策動はかれらを日本から永久に追放させることになってしまったし、またそこでは、かれらの先駆者たちは、新しい世代の人々には、偽善的な熱意をもってやってきて、武力をもちいずに国を奪おうとしたずるい策謀家として知ら

れているにすぎない。(中・二六三頁)

ルソーが、日本にやってきたイエズス会の宣教師たちのやり方に懐疑的だったことがうかがえます。「永久に追放」とは、秀吉による「バテレン追放令」のことでしょう。ルソーが言うように、ヨーロッパ(ポルトガル・スペイン)がキリスト教の布教をきっかけに、日本を植民地化しようとしているのではと日本側が警戒していたことは、いまでは多くの人が知っていることでしょう。

こうしてルソーは、人間によってゆがめられた宗教(キリスト教)を批判しました。その代わりに彼が持ち出すのが「自然宗教」です。と言っても、これはむろん、自然崇拝の宗教とは別ものです。ルソーは言います。

すべての人の目のまえにひらかれている書物が一冊だけある。それは自然という書物だ。この偉大で崇高な書物を読むことによってこそ、わたしはその神聖な著者を崇拝することを学ぶのだ。(中・二六九頁)

自然を見れば、その偉大な造物主の存在もわかる。時計をはじめて見た人が、その意味することがわからなかったとしても、これが何か秩序を示していること、またそのつくり手がいることがわかるように、わたしたちは自然を見れば、神の存在を確信できるのだ。そうルソーは言うのです。

だから、人間など介さず、すなわち教会など介さず、自然だけを書物として読むがいい。

いま読めば、このルソーの考えもちょっと古臭いように思えるかもしれません。でも繰り返しになりますが、このようにキリスト教の権威を否定すること自体、当時としてはとても危険なことだったのです。

ソフィー

以上、長い「サヴォワ助任司祭の信仰告白」の挿話が終わると、あとは最後の第五編、すなわちエミールの恋愛から結婚に向けて、話はまっしぐらです。

もはやエミールは、「わたし」の生徒ではなく友人です。ここからは、官能のよろこびと危険を知る大人の友人として、ルソーはエミールと生活を共にすることになるのです。

しかしここでも、エミールの性の欲望はできるだけゆっくり発達するよう、ルソーは意識します。気をまぎらわせるために、狩猟をするのもいいだろう、なんて話もします。ただ、それであまりに血の気が多くなりすぎてもいけないのだけれど、と。

そしてこのタイミングで登場するのが、エミールの将来の伴侶、ソフィーなのです。と言っても、この段階では、ソフィーはまだルソーとエミールの想像上の女性です。エミールはルソーとの対話をとおして、まだその人に出会う前から、理想の女性像を思い描いていくのです。

これはなかなか興味深い箇所です。ルソーはここで、青年を恋や性の誘惑から守るため、恋愛をけがらわしいものとして語る人たちを批判します。そして言います。何を言う、この世に恋愛に勝るよろこびがあるだろうか、と。

ただ、そのよろこびを本当に味わうためには、それにふさわしい人と恋愛をし、自分もまた、それにふさわしい人間である必要があるとルソーは言います。

そこでルソーは、エミールに、そんな理想の女性像を思い描かせるのです。そうすれば、エミールはその理想を体現した人にだけ恋をするようになるだろうからです。

恋とはまさに、そういうものです。わたしたちが半ば無自覚のうちに思い描いてきた理想、ロマン。それにまるで合致したかに思える人に出会った時に、わたしたちは恋に落ちるものなのです。

ならば、エミールには真に理想的な人をじっさいに思い描いてもらおう。より生き生きとイメージできるように、彼女にはソフィーという名前さえ与えよう。

このように、エミールが理想の女性をしっかりと思い描くことができたならば、あとはそのような人を見つけるまでです。

都会には誘惑がたくさんあります。美しい女性や蠱惑《こわく》的な女性ばかりではありません。彼女たちと浮名を流すことで虚栄心を満たす、男性たちの目もあります。

エミールが都会に行けば、そんな男性たちは、エミールの純真さを笑うかもしれません。笑われれば、エミールの自尊心は傷つき、彼らに負けまいと奮起してしまうかもしれません。

でも大丈夫、「あざけりわらう連中にたいしてかれを武装させるために、わたしは二十年間努力してきたのだ」(中・三三五頁)とルソーは言います。

そう、エミールは、虚栄心や嫉妬心をほとんど持つことなく、自分が自分であることに満足している青年なのです。

さあ、準備は整いました。いまこそ本物のソフィーを探す時です。

第６章　理想の恋愛を求めて

第五編は、エミールが二十歳を過ぎてソフィーと知り合ってから、二十五歳で結婚するまでの物語です。

本編の冒頭では、ソフィーがどんな女性であるかが語られます。

しかしこの箇所、じつは今日、ルソーの著作の中でもっとも評判が悪いものなのです。というのも、ルソーは、男性と女性は完全に平等であると言いながら、両者の教育は異なっているのが「自然」であると論じたからです。

現代の女性が読んだら、憤慨するような言葉がたくさん出てきます。じっさい、今日から見れば、大幅に修正されなければならない内容を含んでいることはたしかです。

ただここでも、「時代の時代性」は十分に意識しておきたいと思います。

ルソーの時代、男女はそもそも平等であるという発想さえなかったのです。その点、男女平等を論じたルソーは、むしろ開明的であったとさえ言うべきです。

とはいえ、すでにこの時代の他の啓蒙思想家の中には、男女についてルソーよりはるかに進んだ思想を持った人たちもいました。だからルソーは、この時代において格別進歩的だったわけではありません。

ちなみに、男女は同じ教育を受けなければならないと、この数十年後に強く訴えたのは、フランス革命期に活躍し、その動乱に巻き込まれて獄中死した〝公教育の父〟、コンドルセでした。

いずれにせよ、ルソーの女子教育論は、いまから見ればかなり腹立たしいところもあります。その点、一応ご覚悟の上、読み進めていただければと思います。

ただあらかじめ言っておくと、ルソーはのちに、自身の女性観や女子教育論を、全部ひっくり返そうとしたのではないかと思われる節があります。

自分の思想の問題に、ルソーは気がついたかもしれないのです。

これについては、またあとでお話しすることにしたいと思います。

男女は平等であると同時に異なっている

先述したように、ルソーはまず、男女はその「自然」において本来平等であると言います。

性に関係のないあらゆる点においては、女は男と同じである。同じ器官、同じ必要、同じ能力をもっている。（下・六頁）

共通にもっているものから考えれば、両者は平等なのだ。ちがっている点から考えれば、両者は比較できないものなのだ。(下・七頁)

ただ、性の観点から見ると、両者にはちがいがあるとルソーは言います。ちょっとずつ不愉快な記述が出てきますが、お許しください。

必然的に、一方は欲し、力をもたなければならない。他方はそんなに頑強に抵抗しなければそれでいい。

この原則が確認されたとすれば、女性はとくに男性の気に入るようにするために生まれついている、ということになる。〔中略〕男性のねうちはその力にある。男性は強いということだけで十分に気に入られる。(下・八頁)

女性は、気に入られるように、また、征服されるように生まれついているとするなら、男性にいどむようなことはしないで、男性に快く思われる者にならなければならない。女性の力はその魅力にある。その魅力によってこそ女性は男性にはたらきかけてその力を呼び起こさせ、それをもちいさせることになる。(下・八頁)

以上のように、ルソーは、求める者としての男性と、求められる者としての女性という、いかにもステレオタイプな「自然」のイメージに基づいて両者を語ります。

ただこれも、当時の社会状況を踏まえればしかたのない「自然」のとらえ方だったのではないかと思います。現代の観点からルソーを批判するのは簡単なことですが、それはちょっと不当な後出しジャンケンにもなりかねません。

むろん、ルソーを批判し乗り越えるべき点は、そうすべきです。第1章で、「自然」の事実をどう見るかは、目的や観点、関心によって変わってくる、という話をしましたが、すべての人の「自由」のためにという目的から「自然」を見たルソーといえども、当時の社会通念からは逃れられなかったのだと思います。

男女の教育は異なるべき?――ルソーの限界

当時、女性には教育など必要ないという考えもありました。しかしルソーは、これをきっぱりと否定します。

あんなに快い、あんなに微妙な才気を女性にあたえている自然は、そんなことを命じてはいない。はんたいに、自然は、考えること、判断すること、愛すること、知ること、顔と同じ

ように精神をみがくこと、そういうことを女性に望んでいる。（下・二四頁）

ただし、男女の教育は、その「自然」（人間本性）から言ってちがっているのが当然だとルソーは言います。

たとえば女の子は、男の子とちがって、人からどう見られるかを幼い時から気にする傾向があるとルソーは指摘します。だから、「それはなんの役に立つのですか？」というあの教育の原則は、時に、「それは人にどんな感じを与えるでしょうか？」のほうが有効である場合があると言います。

また、女の子はとりわけお人形遊びが好きだとも指摘します。そしてここには、女性のやさしさが象徴的に現れている、と。

だから、女の子のやさしさはそのまま育んでいく必要がある。まちがっても、これを虚栄心によって殺してしまってはいけない。そうルソーは言うのです。

女の子が花やかな衣裳をつけると、「なんて美しいんでしょう！」と言う。まったくはんたいに、いろいろとある身の飾りは、欠点を隠すためにあるにすぎないということ、そして、美しいひとのほんとうの勝利はそのひと自身の美しさによって輝かしく見えることだということを、彼女たちにわからせなければなるまい。（下・四六頁）

かわいい服を着ているところをほめすぎると、女の子には虚栄心や傲慢さが育ってくる。むしろ、華やかな服装は、自分の欠点を補っているにすぎないのだとわからせよ。そうルソーは言うのです。虚栄心に対する警戒は、男女問わずここでも徹底しています。

こうして、女の子はできるだけやさしく快活な子に育てていくべしとルソーは言うのですが、ここでさらに聞き捨てならないことも言ってしまいます。

抽象的な科学や数学、哲学は、女性には向かないと言うのです。だから女性は、できるだけ実用的な学問を学ぶべきである、と。

> 抽象的、理論的な真理の探求、諸科学の原理、公理の探求、観念を一般化するようなことはすべて、女性の領分にはない。女性が勉強することはすべて実用にむすびついていなければならない。(下・八七頁)

ちなみに、女性は数学や科学が男性に比べて苦手であるというのは、現代でもしばしば言われることです。

しかし今日の行動遺伝学においては、遺伝子レベルでは両者に科学の能力でのちがいはないと言われています。(1) また、これまでじっさいに、男性のほうが女性より数学が得意だとか、反対に言語能力は女性のほうが高いとかいう研究がなされてきましたが、これらの研究は、そもそもの研究方法において、かなりバイアスがかかったものになっているとの指摘もあります。(2)

いずれにしても、個人的な差異を、安易に性差として一般化するのは、慎重になったほうがよいだろうと思います。

そう、まさにわたしたちは、男の子がどう、女の子がどうと言うより、その子がどうであるかという、一人ひとりの「自然」にこそ目を向ける必要があるのです。

たしかに、男の子と女の子では、大きな傾向性としてちがいがある面はあるでしょう。でもわたしたちがいっそうよく見て知るべきは、やはり一人ひとりの「自然」な姿なのではないかと思います。

ソフィーはどんな女性か

ルソーはソフィーを、エミールが育ってきたように育ってきた——ただし女の子としての教育を受けてきた——少女として描きます。ごくふつうの少女ですが、エミールと同じように、「自然」に育てられ成長してきた人間です。

ルソーは次のようにソフィーを描写しています。

ソフィーは豊かな趣味をもっていて、じょうずに身じまいをする。けれども、ぜいたくな衣裳はきらいだ。〔中略〕彼女ははでなものは好まない、よく似合うものを好んでいる。流行の色はどういう色かということは知らないが、自分をひきたたせてくれる色はじつによく知っている。（下・一〇七頁）

社交界のしきたりは知らないけれど、だからと言って卑屈になることもありません。エミールと同様、彼女も自分が自分であることに満足しているのです。

その社交界では、いつもだれかの悪口ばかりです。でもソフィーは一切そんなことは言いません。特に、同性の悪口を言うようなことはありません。

彼女の両親は、結婚相手はソフィー自身が決めなさいと言っています。当時としては非常に進歩的なことです。そんな両親のもとで、いつか自分が出会うにちがいない青年を、ソフィーはひそかに夢に描きます。

エミールはまだ見ぬソフィーを思い、ソフィーもまた、まだ見ぬエミールを思っているのです。

恋

そんな二人の出会いを、ルソーは印象深く描いています。

さすがは、大ベストセラーの恋愛小説『新エロイーズ』の作者です。その感動的なシーンは、よろしければぜひ『エミール』本文をお楽しみいただければと思います。小説風の教育書と言われる『エミール』の中でも、最も〝小説〟らしいパートです(下・一六一—一七〇頁)。

とにもかくにも、二人は出会うことになります。ルソーとエミールの、旅の途中でのことでした。

道に迷った二人は、ある農夫に、この先にとても親切な一家が住んでいることを教えてもらいます。

瀟洒《しょうしゃ》な小屋にたどり着いた二人。出迎えた夫婦は、エミールとルソーに夕食を用意してくれました。

そこに、一人娘のソフィーもいたのです。

彼女の名前がソフィーであったことに、エミールは喫驚します。まだ見ぬ架空の恋人に、ルソーとエミールがかねてより命名していた名前だったからです。そしてすぐさま、彼女こそが運命の人であることを悟ります。

ソフィーも、この人こそ、これまで夢に見てきた人なのだと気づきます。二人はついに出会ったのです。お互いに、ずっと胸に思い描いていた人と。

翌朝、二人は落ち着かない様子で再び顔を合わせます。

すでに二人の恋心を察知していたルソーは、しかしソフィーが少しもおめかしをせずに起きてきたのに感心します。恋の相手の前では、むしろ自分を飾らずに見せたい。そんなソフィーの心意気に、ルソーは感心するのです。

他方のエミールにとっては、ソフィーの身なりなどどうでもかまいません。

二人が出会って、まだ十二時間。しかも二人は、まだ一度も言葉を交わしていません。けれども二人の恋は、すでに後戻りできないほどに燃え上がっていたのです。

ソフィーと別れて

こうして二人は、少しずつ交際を深めていくことになりました。

ソフィーのもとへ、足繁く通うエミール。人生最高のよろこびの日々。

二人の恋は、ますます燃え上がっていきます。ソフィーの両親は、すでにエミールとも家族同然のつき合いです。

四カ月あまりが過ぎ、二人はついに婚約することになりました。と、しかしそんな幸せの絶頂の時に、ルソーは突然、エミールにこんなことを切り出すのです。

ソフィーとしばし別れよう、と。

狼狽し、憤慨するエミール。先生、あなたはいったい何を言っているのですか!?

ルソーは言います。君はいま、欲望の虜になっている。「欲望を感じることによって、きみはきみの欲望の奴隷になってしまった」。

いまこそ、エミール、君は〝有徳〟な人間になることを学ぶ時だ。そうルソーは言います。わたしはこれまで、君を〝善良〟な人間になるよう育ててきた。しかし〝善良〟であることと〝有徳〟であることはちがうのだ、と。

わたしたちは、神を善なる者と呼んではいるが、有徳なる者とは呼ばない。神は善を行なうためには努力する必要はないからだ。（下・二五五頁）

有徳な人とは、ただ善良であるだけではなく、努力によってみずからの欲望を克服し、良心にのみ従える人である。そうルソーは言います。だからいまこそ、ソフィーのもとを離れる時である。そうルソーは言うのです。

むろん、永遠に別れようというのではない。君は二十二歳、ソフィーはまだ十七歳だ。結婚するにはまだ早い。その前に、エミール、君はもっと広い世の中を知らねばならない。そして、大人としてこの社会の一員になるとはどういうことかを学ばねばならない。

ルソーは言います。

さあ、その高貴なつとめを果たすがいい。別れていることにも耐えられるようになるがいい。

忠実な心にむくいることができるものを手にいれるがいい。帰ってきたとき、あのひとにたいしてなにごとかを誇ることができるように、そして、恩恵としてではなく、褒美《ほうび》としてあのひとの手をもとめることができるようになるがいい。（下・二六八頁）

最初は狼狽したエミールも、やがて落ち着きを取り戻し、ルソーの言葉に従います。ソフィーも、エミールが旅に出ることを認めます。その涙を、決してエミールには見せないようにして。

「一般意志」をつくり合う

こうして、エミールとルソーの最後の旅がはじまります。目的は、市民であるとはどういうことか学ぶこと。

そのためには、「よい国家」とはどのようなものであるかを知らなければなりません。よい国家における、よい市民になることを学ぶのです。

ここで論じられるのが、『エミール』と同じ年に出された『社会契約論』の要約です。以下、そのポイントだけご紹介しておきましょう。

『社会契約論』でルソーが明らかにしたのは、正当な社会、法、権力とはどのようなものかということでした。

その答えは簡明にして明瞭です。

ある一部の人の意志(特殊意志)がこの社会を支配するのではなく、「一般意志」のみを正当性の根拠とし、この「一般意志」をめざし続けること。ここにのみ、よい国家、よい社会、またそこにおける法や権力の正当性がある。そうルソーは言うのです。

「一般意志」とは何か？　わたしなりにできるだけ嚙み砕いて言えば、「みんなの意志を持ち寄って見出し合った、みんなの利益になる合意」のことです。どのような法も、立法、行政、司法などの公権力も、この合意のほかに、そしてこの合意をめざし続けることのほかに、正当性の根拠はないのです。

言われてみれば、あたりまえのことです。でも長い間、人類は特殊意志が支配する国家・社会の中で生きてきました。一部の王侯貴族などの権力者が、いわばおのれのほしいままに国を支配してきたのです。

当時の絶対王政下のフランスは、人口のわずか二％の王侯貴族や聖職者などの支配階級が、残り九十八％を支配する国でした。

それはおかしい、とルソーは訴えます。だれもが自由に生きることを願っている。ならばわたしたちは、まずはお互いを対等に自由な存在として認め合い、対話をとおしてみんなの利益になる合意を見つけ出し、その合意にのみ基づいて国家を運営するべきである。そうルソーは言うのです。

当時において、これは文字どおり革命的な考えでした。

めざすべきは、だれもが対等に自由な社会です。したがってそこに特権者はいません。主権(国のことを決める権利)も王にあるのではありません。人民にあるのです。今日の人民主権の原理——自分たちの国のことは、自分たちで決める——です。

こうしてルソーは、人民主権の原理を確立し、近代の民主主義社会の礎を築くことになったのです。


従来、『社会契約論』はフランス革命の最大の導火線になったと言われてきました。でもいまでは、言われるほど大きな影響は与えなかったのではないかと、多くの研究者によって指摘されています。フランス革命以前には、それほど読まれていなかったことが実証的に明らかにされているからです。

むしろルソーは、革命によって再発見されたと言うべきなのかもしれません。この革命は、特殊意志ではなく「一般意志」に基づく社会をつくるためのものである、と。

いずれにせよ、この本が近代民主主義に与えた影響は絶大です。わたしの考えでは、今日もなお、『社会契約論』を超える民主主義の〝原理論〟は現れていません。しいてあげるとするなら、ヘーゲルの『法の哲学』が、『社会契約論』と双璧をなす〝原理論〟と言っていいでしょう。

他方、現代も多くの民主主義理論が探究されてはいますが、わたしの考えでは、それらはどれも〝原理論〟と言うより、どうすれば「一般意志」を見出し合うことができるかという、〝実践理論〟ととらえるべきものです。それぞれの理論家が、そのことに自覚的であるにせよないにせよ。(3)

さて、以上で論じてきた、『社会契約論』において最も重要な概念である「一般意志」は、あらかじめどこかに転がっているようなものではありません。人びとの対話をとおして、見出し合っていくもの、もっと言えば、つくり合っていくものなのです。

それはつまり、単純に多数決をして決めるようなものではないということです。A案、B案、C案……とみんなの意志を出し合って、その中から多数決で決めるのではなく、まずはみんなでじっくり対話を重ね、それぞれの合意できるところとできないところを見きわめ、どうすれば合意できるかさらにアイデアを練り合っていく。そうして、みんなが合意できるD案やE案をつくり合っていくのです。

むろん、一つの法律をつくったり大臣を選んだりする際に、一億二千万人もいる日本人全員の合意をそうやってつくっていくことはできません。ただ、ここで何より大事なのは、この「みんなの利益になる合意」以外に、そしてそれをめざし続けること以外に、法律も政府も正当性の根拠を持たないということなのです。

人口に関して言えば、今日の民主主義国家には、基本的に代議士がいて、わたしたちは彼らに一般意志を見出す仕事を委任しています。そうやって、一億二千万人いても、「一般意志」に基づく社会をなんとかつくっていこうとしているのです(ルソー自身は、代議制はわたしたちが代議士に主権を譲り渡してしまうことになるとして否定的でしたが、大きな国においてはしかたないだろうとも言っています)。

ただし、代議士任せにしているだけでは、人民主権の理念は簡単に崩れ去ってしまいます。人民主権とは、つまり自分たちの国、社会は、自分たちでつくるということだからです。だから、わたしたち市民もまた、単に選挙に行くだけでなく、「自分たちの社会は自分たちでつくる」ことができなければなりません。そのような心意気や活動が土台にあってはじめて、わたしたちは責任を持って代議士を選べるだろうし、彼らが本当に「一般意志」をめざしているかどうか、チェックすることもできるようになるのです。

だからわたしたちは、一市民として、住んでいる町だったり、通っている学校だったり、さまざまな場所で、対話による合意形成をとおしたコミュニティづくりを実現する必要があるのです。このような活動やその経験が十分にないと、わたしたちの国は、いつしか特殊意志がやりたい放題の国になってしまうかもしれません。

その意味で、学校は、本来、子どもたちにとって「一般意志」を見出し合う最大の練習の場であり、実践の現場なのです。「自分たちの学校は自分たちでつくる」経験を積むことで、子どもたちは、来るべき市民に、すなわち「自分たちの社会は自分たちでつくる」ことができる市民へと成長していくのです。学校は、そのような場でなければならないのです。

そんな国はまだ存在しない

以上に述べてきた、国家の「正当性」の原理を、エミールは二年間のヨーロッパの旅をとおして学びます。

この旅の間に、エミールはいくつかの外国語にも堪能になりました。各国の多様な文化を知ることもできました。

でも同時に、彼は次のことに気づいてしまうのです。

どのような国家を、われわれは「正当」な国家と言うべきか。その原理は、たしかにつかんだ。でも、いまの世界には、そんな国家などどこにもありはしないではないか、と。

最善の国家で、最善の市民になることを、エミールはめざしたはずでした。でもその結果、最善の国家などこの地上のどこにも存在しないことを、彼は知ってしまったのです。

そこでルソーはエミールにたずねます。

「世界の真実を知ったいま、これから君はどうしたいかね?」

エミールは答えます。あるべき国家、社会がまだ存在しなかったとしても、とにかくわたしたちは生きなければなりません。そしてわたしは、どんな環境のもとでも自由に生きられるよう、あなたに育てていただいたのです。

だからわたしは、これからも、この現実の国で生きていきましょう。


わたしは自分の場所に踏みとどまっていよう。金持ちであっても、貧乏になっても、わたしはいつでも自由でいる。ただ、あの国、あるいはこの国で自由でいるというのではなく、地上のあらゆるところで自由でいるだろう。（下・二三〇―二三一頁）

よく、『社会契約論』は来るべき民主主義の理論を論じたものであり、『エミール』は、その民主主義社会における教育のあり方を論じたものである、と言われます。

でも、『エミール』を丹念に読めば、必ずしもそういうわけではないことがわかります。右に見たように、エミールは、結局はこの不正あふれる社会で生きるしかないと悟るからです。

つまり『エミール』は、必ずしも民主主義社会における教育を論じた本ではないのです。専制国家だろうが、独裁国家だろうが、どのような国で生きるにしても、エミールのような子どもを育てることはきっとできる。ルソーはそう言いたかったのかもしれません。

ある意味では、それは大きな希望です。でも同時に、またある意味では、今日、わたしたちは『エミール』を、単なる理想論ではなく、やはり現実の教育への道しるべとして読む必要があるのだとも言えるでしょう。

繰り返し述べてきたように、いまやわたしたちが暮らす社会は、ルソーが夢見た、そしてその〝原理〟を克明に描き出した、民主主義社会であるからです。

結婚

こうしてエミールは、二年の旅を終えてソフィーの元へと戻ることになります。再会のシーンは、なぜか描かれていません。ルソーは言います。

わたしのペンも疲れてきたように感じられる。気力がなくて、こういう息の長い仕事にむかないわたしは、それほど進んでいなかったとしたら、この仕事も投げだしてしまいたいところだ。しかし、未完成のままにしておかないために、ここで結末をつけなければならない。

（下・二三八頁）

このタイミングで、いったい何を言い出すんだ、と言いたくなってしまいます。物語の大団円を目前にして、疲れた、投げ出したいくらいだとは、いったいぜんたい何ごとでしょう。ただ、これはおそらく、もう「わたし」の教育は終わったのだ、ということなのでしょう。だからもう書くことは何もないのだと。

じっさい、ルソーは次のように続けます。

やがてわたしは、エミールの人生のもっとも魅力のある日、わたしの生涯のもっとも幸福な日がおとずれるのを見る。わたしの仕事が完成されるのを見、その成果を楽しむことになる。りっぱな二人は解くことのできない絆《きずな》によってむすばれる。（下・三三八―三三九頁）

ソフィーとエミールは、結婚するのです。

これで、ルソーの教師としての務めは終わりです。

最後の最後、結ばれる二人に、ルソーはエミールの友人として、なんだかちょっとかわいらしいアドバイスを送ります。

一つは、結婚してからも恋人のようでありなさい、ということ。それから、相手が嫌がることはしてはいけないよ、ということ。

結婚していても、快楽は、おたがいに欲望を感じているときにだけ許されることをけっして忘れてはいけない。（下・三四五頁）

オランダの性教育がめざすところのように、性の営みが相互尊重に基づくべきものであることを、ルソーは最後の最後で付け加えることを忘れないのです。

アドバイスを終えると、ルソーはエミールにこう言います。彼の隣の、ソフィーを見ながら。

わたしはきょう、あなたがわたしにあたえていた権威を捨てる。ここに、これからのあなたの指導者がいる。(下・三五二頁)

数カ月後、エミールがルソーの部屋を訪れてこう言います。

先生、あなたの子を祝福してください。あなたの子はまもなく父親になろうとしているのです。〔中略〕わたしたちに助言をあたえてください。わたしたちを指導してください。わたしたちは素直にあなたのことばに従うでしょう。生きているかぎり、わたしはあなたを必要とするでしょう。いま、わたしの人間にふさわしい役目がはじまるとき、わたしはこれまでのどんなときよりもあなたを必要としている。あなたはあなたの役目を果たした。あなたを見ならわせてください。そして、休息してください。もうその時が来たのです。(下・三五三―三五四頁)

こうして『エミール』は終わります。

エミールが生まれたばかりの赤ん坊だったころから、父になるまでの、二十五年におよぶ教育の物語が、ついに幕を閉じるのです。

終　章　ルソーが示した道しるべ

以上、『エミール』の内容と、そこにおけるルソーの洞察を、現代の読者にもきっと役立てていただけるようにと思いながらご紹介してきました。

特に最後の第五編は、エミールの成長の総仕上げを、小説の形で楽しむことのできるパートです。「はじめに」や第1章で、『エミール』は半ば小説風の教育書であり哲学書であると言いましたが、本当に小説らしいスタイルになっているのは、この第五編だけです。

この本を読み終えると、読者はエミールに、そしてまたソフィーに、なんとも言えない愛着を覚えるようになっているのに気がつくにちがいありません。

たとえ不平等と不正がはびこる社会においても、つねに自分らしく自由に生きることのできるエミール。そしてまた、見栄や華美とは無縁の、ただそのままで美しいたましいを読者に感じさせるソフィー。二人の門出を、読者もまた、ルソーと共に祝福し、その幸多き人生を願うにちがいありません。

『エミール』の続編

ところがなのです。

じつは『エミール』には、続編があるのです。

『エミール』が出版されてから十八年後の一七八〇年、ルソーの死後に、『エミールとソフィー、または孤独に生きる人たち』というタイトルの小説が刊行されました。

エミールが、いまはもうどこにいるかもわからない、かつての先生ルソーに宛てて手紙を書くという設定の、書簡体の小説です。

未完に終わったこの小説は、読者を困惑させ、また憤らせました。

なんと、この小説(手紙)の出だしにおいて、いきなりソフィーが死んでしまったことが明かされるのです。

しかもあろうことか、ソフィーはエミールを裏切り、姦通し、別の男の子どもをみごもったというのです。

読者はもうびっくり仰天です。わたしも大いにびっくりしました。

しかもそこからの話も、もうめちゃくちゃです。

ソフィーがそうなってしまった前段には、愛する両親と娘の死がありました。立て続けに起こった不幸から立ち直るため、つまり気をまぎらわせるため、エミールとソフィーは、もう一人の子どもを連れてパリに出ることにします。

ルソーが警戒に警戒を重ねていた、あのあらゆる美徳が失われた花の都、パリです。田舎では、ソフィーと仲のよかった女友達が近くに住んでいました。ちょうど、彼女とその夫もパリに引っ越すことになっていたため、二人について、エミールとソフィーはパリに移り住むことにしたのです。

しかしここで、ソフィーは男に誘惑されてしまうのです。しかもそれが、どうも右の女友達の夫のように読める書きぶりですから、手がこんでいます。

事実を知らされたエミールは、絶望の中、ソフィーと別れることを決意します。でも、なおもソフィーへの愛を失うことができません。

思いを断ち切るために、エミールは船乗りになって旅に出ます。

ところがある時、海賊に襲われ、なんと奴隷にされてしまうのです。

そんな中でも、エミールは自分の強さを発揮します。奴隷たちのリーダーとなり、労働条件の改善を求めて抵抗運動を決行するのです。

結果として、その才覚が見込まれることになったエミール。そんな時、アルジェの大公がエミールの噂を聞きつけ、彼はその奴隷になることに……。

……と、ここで物語は未完で終わるのですが、これを読めば、やはり読者は当惑するほかありません。何より、あのエミールにとっての理想の女性、出会う前から夢に描いていたあのソフィーが、まさかエミールを裏切り死んでいったなんて。

わたしも、はじめて読んだ時は、いったいこの小説をどう読めばいいのかと困惑しました。作家にありがちな、過去の作品を全部否定してしまいたい衝動にルソーも駆られたのでしょうか。逃亡生活を余儀なくされたルソーが、文字どおり自分が育てたエミールもまた、孤独の中でたくましく生きている姿を描きたかったのでしょうか。そしてそんなエミールに、自分自身を励ましてもらいたかったのでしょうか。

続編の結末

じつは幸運なことに、この小説の結末を、ルソー自身が語っていたのを聞いていた人たちがいます。彼らの証言から、わたしたちはこの物語の顚末を知ることができます。

それによると、エミールはその後、奴隷の身分から解放され、再び旅を続けることになりました。

そんな中、ある孤島にたどり着いたエミールは、スペイン人の老人とその娘に出会います。エミールを気に入った老人は、娘を彼と結婚させます。

ところがそんなある日、なんとソフィーが島にやってくるのです。エミールと別れたあとからずっと、彼女はエミールを探し続けていたのです。

スペイン人の娘は、かつての妻のソフィーが、再びエミールの妻となることを認めます。旧約聖書の族長たちにならって、エミールは彼女たち二人を妻とします。

やがて、ソフィーが亡くなります。

遺品の中に、彼女が密かに書いた、しかし差し出されることのなかった手紙がありました。そこには、あの姦通事件についても書かれていました。

この手紙によって、事件の真相が明らかになるのです。

じつはあの事件は、やはり、例の女友達に仕組まれたものだったのです。彼女は、ソフィーの美徳を密かに妬んでいたのです。

ソフィーを食事に招待したその女友達は、彼女に媚薬を飲ませました。そしてあろうことか、自分の夫に襲わせたのです。

つまりこの事件は、悪虐非道な謀略だったのです。

しかし、罪は罪。ソフィーは、このようなことが起こった非は自分にもあったことを認めます。そのために、彼女は生涯、自分を許すことはありませんでした。エミールに許してもらうことも、決して求めませんでした。

こうしてソフィーは、沈黙をとおすという罰をみずからに与えながら、エミールに見守られ死んでいったのです。

……と、このような結末を知ると、ますますこの小説をどう理解すればよいのかわからなくなってしまいます。

ソフィーは美徳を失ったのではなく、むしろその美徳のゆえに、苦しみを一身に背負って死んでいったのです。

まずはちょっとホッとします。でも、ルソーは前に、あの「サヴォワ助任司祭の信仰告白」において、「福徳不一致のアポリア」を神が解決することを論じていたのではなかったでしょうか？

現実社会においては、有徳な人が必ずしも幸福になれるわけではありません。でもそれはおかしい。だからきっと、神が、有徳な人が同時に幸福でもあれるよう導いてくださるはず。ルソーはそう論じたのではなかったでしょうか。

でも、ソフィーの後半生は悲惨なものでした。再びエミールと結ばれたとは言え、彼と心の底から笑い合うことは、もう二度となかったのです。

わたしたちはいったい、これをどう考えたらよいのでしょうか？

この続編を分析した前之園春奈さんは、これは単なる悲劇ではなく、二人の「再生の物語」であると解釈しています(1)。

ルソーにとって、有徳の人とは、みずからの激情をコントロールし、良心に従って生きる人のことでした。

ところがソフィーは、両親と娘の死に我を失い、パリでは、薬物のせいとはいえ、姦通の罪を犯してしまいました。この時彼女は、みずからの美徳を失ってしまっていたのです。

ところがその後、ソフィーはみずからの罪を悔い改め、もう一度自分を生き直すことを決意します。そして、許しを求めることもなく、エミールと再び生きることを願ったのです。

エミールは彼女をまた愛します。一度は離れた二人のたましいは、こうして再び「一個の道徳的人格」となったのです。

でも、ここでもう一つの疑問が浮かびます。

もしもこの作品が二人の「再生の物語」であったとして、しかしなぜ、ソフィーはそもそもあんな悲劇に見舞われることになったのでしょうか？　なぜ、彼女はパリで謀略に遭わなければならなかったのでしょうか？　ソフィーはそもそも、パリの社交界とも、そこにおける権謀術数とも、無縁の人であったはずなのに。

数々のルソー作品を翻訳している中山元さんは、これはルソーが、『エミール』で論じた自身の女性観や女子教育論を、のちに否定したことを意味しているのではないかと解釈しています[2]。

それはつまり、こういうことです。

前に述べたように、ルソーの女性観は、いまから見れば問題の多いものでした。ルソーの言葉をもう一度引用しておきましょう。

　女性は、気に入られるように、また、征服されるように生まれついているとするなら、男性にいどむようなことはしないで、男性に快く思われる者にならなければならない。（下・八頁）

一読してわかるように、この女性観こそ、ソフィーを不幸に陥れたものにほかなりません。女性にとって「自然」なことは、みずからの意志を持つことよりも、「征服される」こと、そして「快く思われる」ことである。『エミール』で、ルソーはたしかにそう論じたのでした。でものちにルソーは、このみずからの女性観や女子教育論を、全部ひっくり返してしまおうとしたのではないか。そう中山さんは言うのです。

もしそうだとすれば、『エミール』の第五編で展開されたルソーの女子教育論の問題を、わたしたちは改めて考え直してみることができるかもしれません。

ルソーは、自分の思想の問題に気づいたのです。

女性の「自然」は、「征服される」ことや「快く思われる」ことにあるのではありません。男だろうが女だろうが、気まぐれや激情をコントロールし、みずからの意志を持って、欲望と能力の調和をめざしていくこと。人間の「自由」は、そこにある。

この続編をとおして、ルソーはそう言いたかったのかもしれません。

確実な証拠があるわけではありません。でもわたしは、このようにとらえたいと思います。そう考えない限り、ソフィーの悲劇を理解することができないからです。

それはたしかに悲劇です。でも、ソフィーは最期、自分の意志をしっかり貫いて死んでいったのです。その意味で、これはたしかに、ある種の「再生の物語」であったと言えるでしょう。「征服される」ことや、「快く思われる」ことをよしとするのではない。そのようなかつてのルソーの女性観を蹴り飛ばし、みずからの意志で、みずからの思うように、過去をつぐないながら生きること。ルソーはソフィーに、そんな人生を選ばせたのです。

ルソーに対して、ちょっとひいき目がすぎるかもしれません。でも、『エミール』の出版からしばらくの間に、ルソーが自身の女性観をふり返り、考えを改めたというのは、十分にありうる話です。

まとめ

以上、岩波文庫で三巻におよぶ、ルソーの古典的名著『エミール』について論じてきました。最後に少し、まとめを置いておくことにしましょう。

まず最も重要なこと。それは、教育の基本は、子どもをよく見て、そしてその「自然」な成長を尊重するということです。

教育の目的は、子どもたちが「自由」な人間へと成長することです。この目的のために、人間はどのように成長することが「自然」であるのか。そのことを、ルソーはしっかり見きわめようと言うのです。

そのために、まず乳幼児期においては、子どもを無菌室に閉じ込めないことが重要です。むろん、大きな危険は、大人が注意して避けなければなりません。でも赤ちゃんは、手足をうんと伸ばして、自由に世界を探索できる必要がある。そうすることで、丈夫な体をつくり、またみずから世界を知ることを覚えていくのです。

学童期において、このことはますます重要になってきます。「あれしなさい、これしなさい、あれするな、これするな」ばかり言っていては、子どもはそのうち、「息をしなさい」と言わないと呼吸さえできなくなってしまうかもしれません。

かといって、それは子どもの「気まぐれ」な欲望を認めることを意味しません。むしろ「気まぐれ」が叶えられ続けたら、その子はきっと不幸な大人になってしまうでしょう。

重要なのは、「気まぐれ」な欲望と、自然で必要な欲望を見きわめ、前者については取り合わず、後者については大いに尊重することなのです。

他者との比較や競争の中に置かれることで、自然な「自己愛」がゆがめられてしまう危険もあります。すなわち、自分は人よりすぐれているという〝傲慢さ〟や、そのように見られたいという〝虚栄心〟、あるいは、それが叶わない時にやってくる〝嫉妬心〟などに、苦しめられることがあるのです。

それは不幸への一本道です。不幸とは、欲望と能力のギャップにほかなりません。虚栄心や嫉妬心といった、過剰な欲望にわたしたちがたえず身を焦がしてしまうとするなら、それはやはり不幸なことです。

そうならないようにするためには、幼いころから、人と比較したり、望まない競争の中に投げ込んだりしないことが重要です。大人が、嫉妬心や競争心を利用して教育するのは、最悪のことです。

大事なのは、「よく規制された自由」の中で子どもを育てることでした。「よく規制された」とは、野放図の自由ではなく、安心して過ごせる自由な空間ということです。

「あなたはOK、それでOK、安心してチャレンジしてごらん」。そんな安心できる自由な空間の中で育つことができたなら、子どもたちは人との比較に苦しむことなく、自分らしくのびのび育つことができるでしょう。そして、他者の自由もまた、尊重できるようになるでしょう。

その際、「だれにもけっして害をあたえない」ことを、ルールとして共有することも重要です。子どもはこのルールをちゃんと理解します。それは、他者と共に生きるわたしたちの、いつまでも変わらぬ根源的なルールとなるでしょう。

「学び」について言えば、この時期の「学び」は「遊び」のようでなければなりません。と言うより、これからもずっと、「学び」は「遊び」の延長であると感じられるようになる必要があるのです。

そこで重要になるのが、「スキーマ」がまだ整わないうちから言葉や記号をつめ込むのではなく、どこまでも「実例！　実例！」ということです。すなわち、経験をとおして学んでいくことです。具体的にどうすればいいかということについては、伊那小学校の例などをとおしてお話ししました。

中学時代も同様です。「学び」はやはり、高度な「遊び」のようである必要があります。現代の学校教育においても、それは不可能ではないということを、きのくに子どもの村学園や、高校生の話ではありますが、数々の数学の新発見をした高校生たちのエピソードをとおしてお話ししました。

ただしこの時期は、知識がついたり、周囲との比較をどうしてもしてしまいやすくなることから、あの虚栄心や傲慢さ、嫉妬心などが、それまで以上にムクムクとわいてくる危険が高まる時期でもあります。

そうした感情は、上手に挫こう。そうルソーは言います。そこで語られたのが、奇術師のエピソードでした。

この時、教師たるルソーが、自身の過ちを認めた話も重要です。大人もまた、そして教師もまた、まちがいを犯すのです。そのことを素直に認め、やり直すと誓うことは、子どもの傲慢さや虚栄心の根を溶かすことにもつながるでしょう。

十五歳を過ぎると、第二の誕生、すなわち性の目覚めの時期がやってきます。ここで重要なのは、青年の欲望を性急にかき立てないことです。過剰な欲望は、それ自体が自身を苦しめます。また、他者に対して攻撃的になったり、その尊厳を傷つけたりしてしまうこともあるかもしれません。

だから、性の欲望は、ゆっくり、ゆっくりと開花していくようにしようとルソーは言います。幼いころから過激なものを見せて、病的なほどの激しい欲望に身をやつすようなことをさせてはなりません。

とはいえ、それは今日、非常にむずかしいことです。

そこで本書では、他者を尊重することを一番の目的とした、オランダの性教育についてもご紹介しました。ルソーの性教育論を具体化すると、きっとこうなる。そう言えるような教育ではないかと思います。

二十歳を超えると、恋愛から結婚に向けて、真剣に考えるべき時がやってきます。

もっとも、現代のわたしたちは、恋愛や結婚にそれほどこだわる必要はないようにも思います。したい人はすればいいし、しない人はしなくてもかまわない。とはいえ、それでも多くの人がじっさいに経験することを考えると、ルソーの言葉に耳を傾けておく価値はあるでしょう。恋愛は、ここでもわたしたちの虚栄心や嫉妬心をかき立てる、時にきわめて危険な経験です。むろん、そのこと自体はしかたのないことです。でも、できるだけそれが過剰にならないよう、エミールはルソーに促され、あらかじめ理想の人を思い描きます。そうすることで、単に見せびらかしたいとか、こんな経験をしたと言って虚栄心を満たす恋愛——ルソーより少しあとの時代の文豪、スタンダールは、これを虚栄恋愛や肉体恋愛などと呼びました——から遠ざかることができるからです。

同時に、青年は「よい国家」「よい社会」「よい市民」についても学ばなければなりません。それは、お互いを対等に自由な存在として認め合い、「一般意志」のみを正当性の根拠とする国家でした。そしてわたしたちは、そのような社会において、対話をとおした合意形成、すなわち「一般意志」をめざし合う市民になる必要があるのです。

こうして、二十五年におよぶルソーの教育は終了します。

ソフィーとエミールの結婚をもって、『エミール』はエンディングを迎えます。

欲望とのつき合い方を学ぶ

最後に、一言。

『エミール』を貫く一つのテーマは、過剰な欲望にとらわれないようにせよ、ということでした。

もっとお金持ちになりたい、もっと人の上に立ちたい、もっと自分をよく見せたい……。

こうした欲望は、いともたやすく、それが叶わない苦しみになってわたしたちを襲います。そしてそれは、ルサンチマンとなって、他者への、そしてまた自分自身への攻撃をしかけるのです。「なんであいつばっかり。許せない」「自分はダメな人間だ。許せない」……。

前に、ニーチェは「ルサンチマンを食いちぎれ！」と言ったとお話ししました。それに対して、ルソーは、「そもそもルサンチマンが芽生えないよう教育しよう」と考えた、と。

序章でも述べたとおり、じつはルソー自身が激情の人でした。とりわけ、愛したい、愛されたい、理解されたい、といった強い欲望を抱え、そのために、長らく被害妄想にも陥った人でした。

だからこそ、ルソーは、そんな自分の人生をじっくりふり返ったのだと思います。なぜ自分はこんなに苦しむんだろう。もし幼いころからこのような教育を受けていたなら、こんなに苦しむことはなかったかもしれないのに。

そんな思いが、『エミール』に結実したのだとわたしは思います。

だからここには、ルソーの叶わなかった願いがある。そのために、それこそちょっと過剰なまでに、子どものころから欲望と能力を調和させよと言いすぎているような面もある。わたしはそう思います。

『エミール』で、ルソーは繰り返し、子どもはたくさん失敗し、たくさんケガをして、そこから学んでいくことが重要だと言っていたはずです。

ならばわたしたちは、自身の欲望とのつき合い方においても、同じことが言えるのではないでしょうか。

わたしたちは、時に過剰な欲望にさいなまれます。欲望がうまくコントロールできずに、いろんなトラブルを起こしてしまうこともあります。

でも大事なことは、そこで改めて自分をふり返り、同じことはもうしないよう意識することです。それが、成長するということではないかと思います。

幼いころから、いつでも自己コントロールに最大の意識を向け、欲望と能力の調和を考えているなんて、それこそちょっと「不自然」なことであるような気もします。

でも、その上でなお、過剰な欲望や虚栄心、嫉妬心などに支配されることなく、いつでも落ち着いて自分らしくあれること。欲望と能力のギャップという不幸に苦しめられることなく、その調和に向けて思考し行動できること。それこそ自由と幸福への道であるというルソーの教えは、やっぱり正しいとわたしは思います。
『エミール』は、その道しるべをわたしたちに示してくれました。
あとはそれを頼りに、進んでいくだけです。

注

序　章

（1）坂倉裕治『いま読む！ 名著 〈期待という病〉はいかにして不幸を招くのか――ルソー『エミール』を読み直す』現代書館、二〇一八年、三九頁を参照。ルソー自身の言葉は以下より。ジャン＝ジャック・ルソー著、小西嘉幸訳「ルソー、ジャン＝ジャックを裁く――対話」『ルソー全集』第三巻、白水社、一九七九年、二九三頁。ジャン＝ジャック・ルソー著、原好男訳「書簡集(下)」『ルソー全集』第十四巻、白水社、一九八一年、二一九頁。

第1章

（1）アルフィ・コーン著、田中英史訳『報酬主義をこえて』法政大学出版局、二〇一一年。
（2）伊那小学校についての詳細は、井藤元・苫野一徳・小木曽由佳『教育観を磨く――子どもが輝く学校をめぐる旅』日本能率協会マネジメントセンター、二〇二三年をお読みいただけると幸いです。
（3）ジュール・ミシュレ著、桑原武夫・多田道太郎・樋口謹一訳『フランス革命史(上)』中公文庫、二〇〇六年、八三頁。
（4）安藤寿康『なぜヒトは学ぶのか――教育を生物学的に考える』講談社現代新書、二〇一八年。
（5）キャスリン・アズベリー、ロバート・プローミン著、土屋廣幸訳『遺伝子を生かす教育――行動遺伝学がもたらす教育の革新』新曜社、二〇一六年、二一一頁。
（6）安藤寿康『教育は遺伝に勝てるか？』朝日新書、二〇二三年。

第2章

（1）ジョン・ボウルビィ著、二木武監訳『母と子のアタッチメント──心の安全基地』医歯薬出版、一九九三年。

（2）村尾愛美「特異的言語発達障害児および発達性言語障害児への指導に関する研究の動向──英語の知見を中心に」『東京学芸大学紀要　総合教育科学系』第七十四号、三三一─三四〇頁。

第3章

（1）坂倉裕治『いま読む！ 名著〈期待という病〉はいかにして不幸を招くのか──ルソー『エミール』を読み直す』現代書館、二〇一八年、六〇─六一頁。

（2）マリア・モンテッソーリ著、阿部真美子・白川蓉子訳『モンテッソーリ・メソッド』明治図書出版、一九七四年、二八八─二九〇頁。

（3）詳細は、苫野一徳監修、古田雄一・認定NPO法人カタリバ編著『校則が変わる、生徒が変わる、学校が変わる──みんなのルールメイキングプロジェクト』学事出版、二〇二二年を参照いただけると幸いです。

（4）西研『NHK「100分de名著」ブックス　ルソー　エミール──自分のために生き、みんなのために生きる』NHK出版、二〇一七年。

（5）ちなみにラッセルは、ルソーの『社会契約論』について、じつはひどい誤解をふりまいた人でした。なんと、これは全体主義の思想であるなどと言ったのです。ラッセルらの影響もあり、二十世紀にはそのような言説がたくさん飛び交ったのですが、これがいかにひどい誤解であるかは、拙著『別冊NHK100分de名著　読書の学校　苫野一徳　特別授業『社会契約論』』NHK出版、二〇二〇年をお読みいただければ幸いです。

(6) アルフィ・コーン著、山本啓・真水康樹訳『競争社会をこえて――ノー・コンテストの時代』法政大学出版局、一九九四年。
(7) 土井隆義『「宿命」を生きる若者たち――格差と幸福をつなぐもの』岩波ブックレット、二〇一九年。
(8) エマニュエル・トッド著、大野舞訳『大分断――教育がもたらす新たな階級化社会』PHP新書、二〇二〇年。エマニュエル・トッド著、石崎晴己訳『デモクラシー以後――協調的「保護主義」の提唱』藤原書店、二〇〇九年、一一八頁。
(9) 苫野一徳『「学校」をつくり直す』河出新書、二〇一九年。苫野一徳『ほんとうの道徳』トランスビュー、二〇一九年。
(10) 今井むつみ『学びとは何か――〈探究人〉になるために』岩波新書、二〇一六年、七二―七三頁。

第4章

(1) ブライアン・カプラン著、月谷真紀訳『大学なんか行っても意味はない?――教育反対の経済学』みすず書房、二〇一九年。

第6章

(1) キャスリン・アズベリー、ロバート・プローミン著、土屋廣幸訳『遺伝子を生かす教育――行動遺伝学がもたらす教育の革新』新曜社、二〇一六年。
(2) ポーラ・J・カプラン、ジェレミー・B・カプラン著、森永康子訳『認知や行動に性差はあるのか――科学的研究を批判的に読み解く』北大路書房、二〇一〇年。
(3) 苫野一徳『「自由」はいかに可能か――社会構想のための哲学』NHKブックス、二〇一四年を参照。

終章

（1） 前之園春奈「第5章　有益な過ち——『エミールとソフィー、または孤独な人たち』について」永見文雄・小野潮・鳴子博子編著『ルソー論集——ルソーを知る、ルソーから知る』中央大学出版部、二〇二一年。

（2） 中山元『ルソーの方法　第三部——人間の教育者から孤独な夢想家へ』中山文庫、二〇二一年。

おわりに

本書は、わたしにとって二冊目のルソー論になります。

前著で取り上げたのは、民主主義のいまなお最も原理的な理論書と言っていい『社会契約論』(『別冊NHK100分de名著 読書の学校 苫野一徳 特別授業『社会契約論』』)。そして今回は、教育の、そして哲学の名著中の名著『エミール』。

ルソーの二つの代表作を、こうして正面から論じることができたことに、いま、特別な感慨を禁じ得ずにいます。

二十一世紀、そして二十二世紀に向けて、わたしたちはどんな社会を構想していくべきなのか？　そこにおいて、教育は一体どうあるべきなのか？　ルソーが問うた問いの、いわば現代版を、わたし自身、哲学者・教育学者として、これまでずっと探究してきました。その際、ルソーのこの二つの名著は、つねに最も明るい光を指し示してくれるものでした。

それゆえわたしは、前著においても、本書においても、単にルソーの思想を過去の思想として紹介・解説するのではなく、現代社会や現代教育の問題を根本から解決するための〝原理〟として示すことをめざしました。彼の思想を、今日のわたしたちに〝役立てる〟こと。「はじめに」でも述べたとおり、それが本書の強い関心でした。

その成否については、読者のみなさんに厳しくご判断いただければと思います。本書が、ルソーや『エミール』に興味のある方のみならず、広く教育や哲学に関心のある方々に読まれることを願っています。

最後に、本書を企画・編集してくださった岩波書店の大竹裕章さんに、心から感謝申し上げます。大竹さんからのお声がけがなければ、本書が誕生することはありませんでした。大学時代から、岩波文庫の『エミール』を愛読してきた者としては、同じ版元から『エミール』についての本を出せるというのは、ちょっと感慨深いものがあります。書きはじめると、あまりにも楽しくて、草稿は二週間で仕上がりました。まるで〝恋愛状態〟のような執筆期間でした。

『エミール』を繰り返し読み直し、先行研究を読み漁り、草稿を執筆し、大竹さんとやりとりを重ね、校正を終えるまで、すべてが格別に楽しい時間でした。

読者のみなさんにも、楽しんでいただけたなら幸いです。

二〇二四年一月

苫野一徳

苫野一徳
早稲田大学大学院教育学研究科博士課程修了．博士(教育学)．熊本大学大学院教育学研究科准教授．主な著書に，『どのような教育が「よい」教育か』(講談社選書メチエ)，『教育の力』『愛』(講談社現代新書)，『「自由」はいかに可能か』(NHKブックス)，『はじめての哲学的思考』(ちくまプリマー新書)，『「学校」をつくり直す』(河出新書)，『別冊NHK100分de名著 読書の学校 苫野一徳 特別授業『社会契約論』』(NHK出版)，『子どもの頃から哲学者』(大和書房)，『学問としての教育学』(日本評論社)他．

『エミール』を読む

2024年3月8日　第1刷発行

著　者　苫野一徳《とまのいっとく》

発行者　坂本政謙

発行所　株式会社 岩波書店
〒101-8002 東京都千代田区一ツ橋 2-5-5
電話案内 03-5210-4000
https://www.iwanami.co.jp/

印刷・精興社　製本・松岳社

ISBN 978-4-00-022317-1　　Printed in Japan